Ce Livre Appartient à:

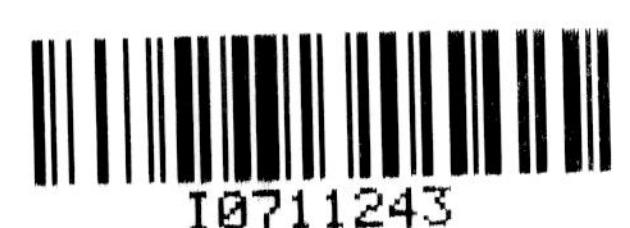

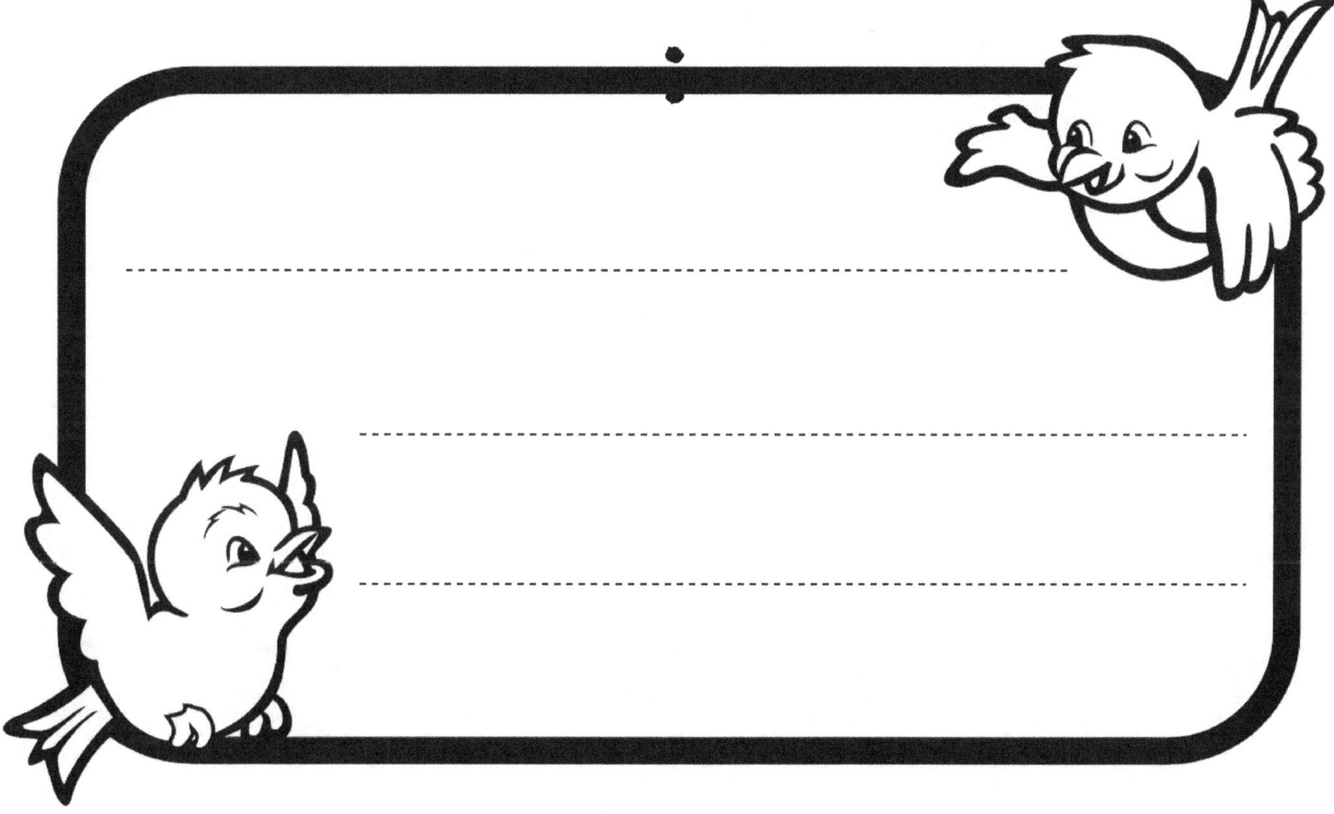

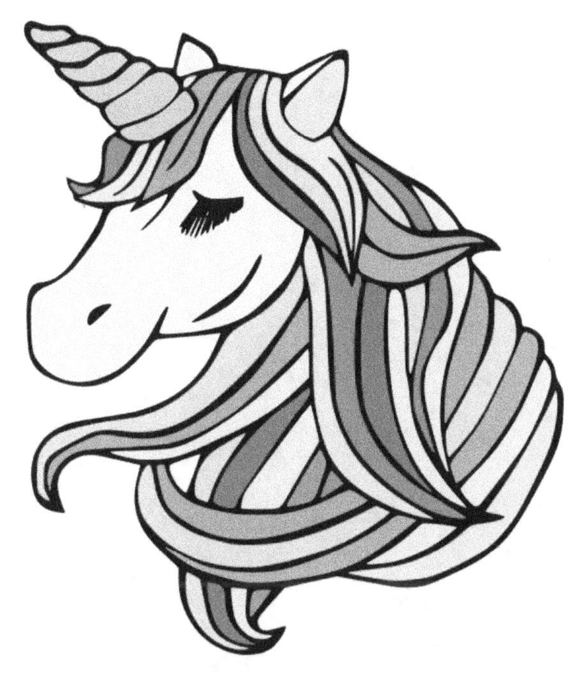

Test de couleur

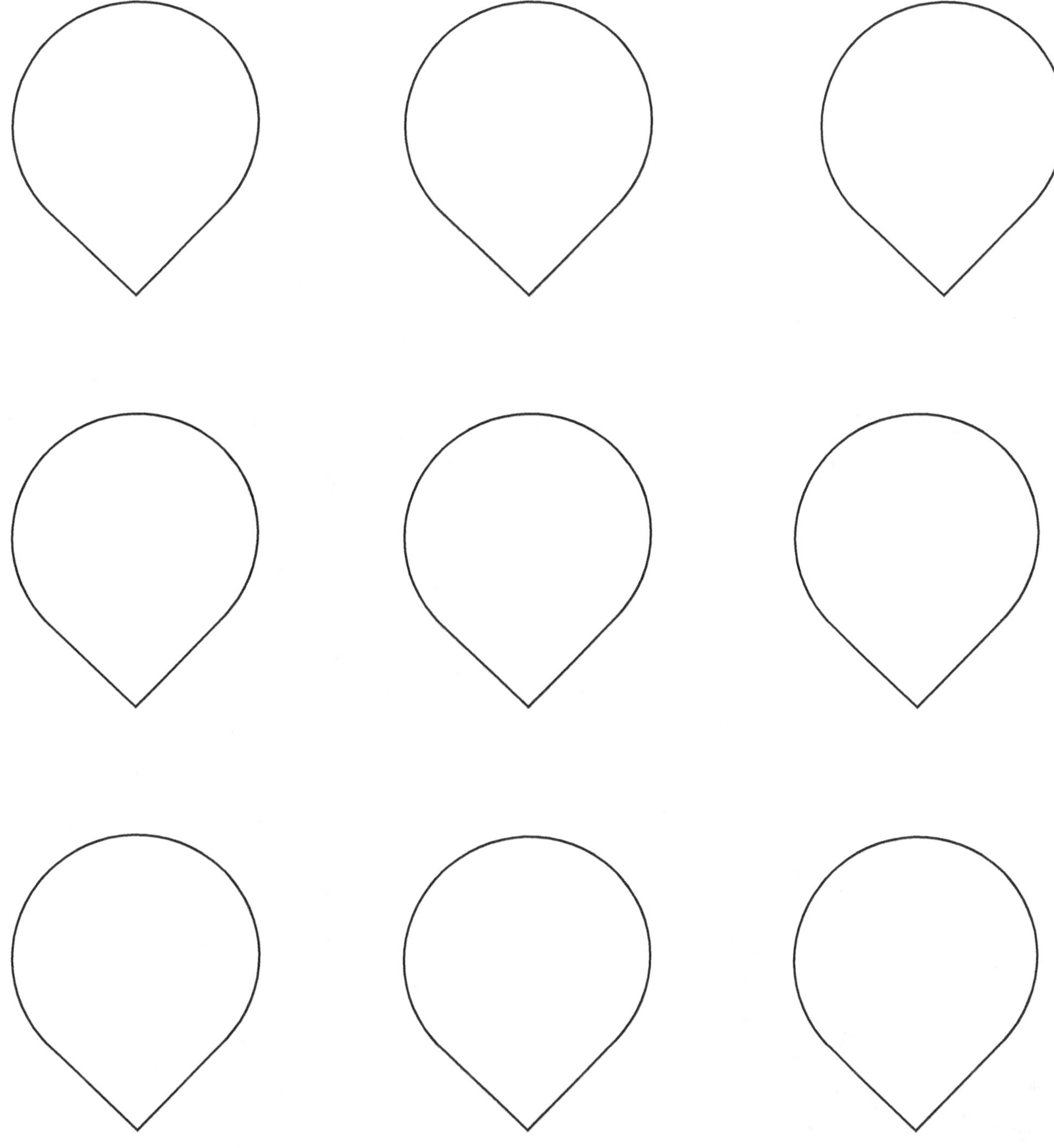

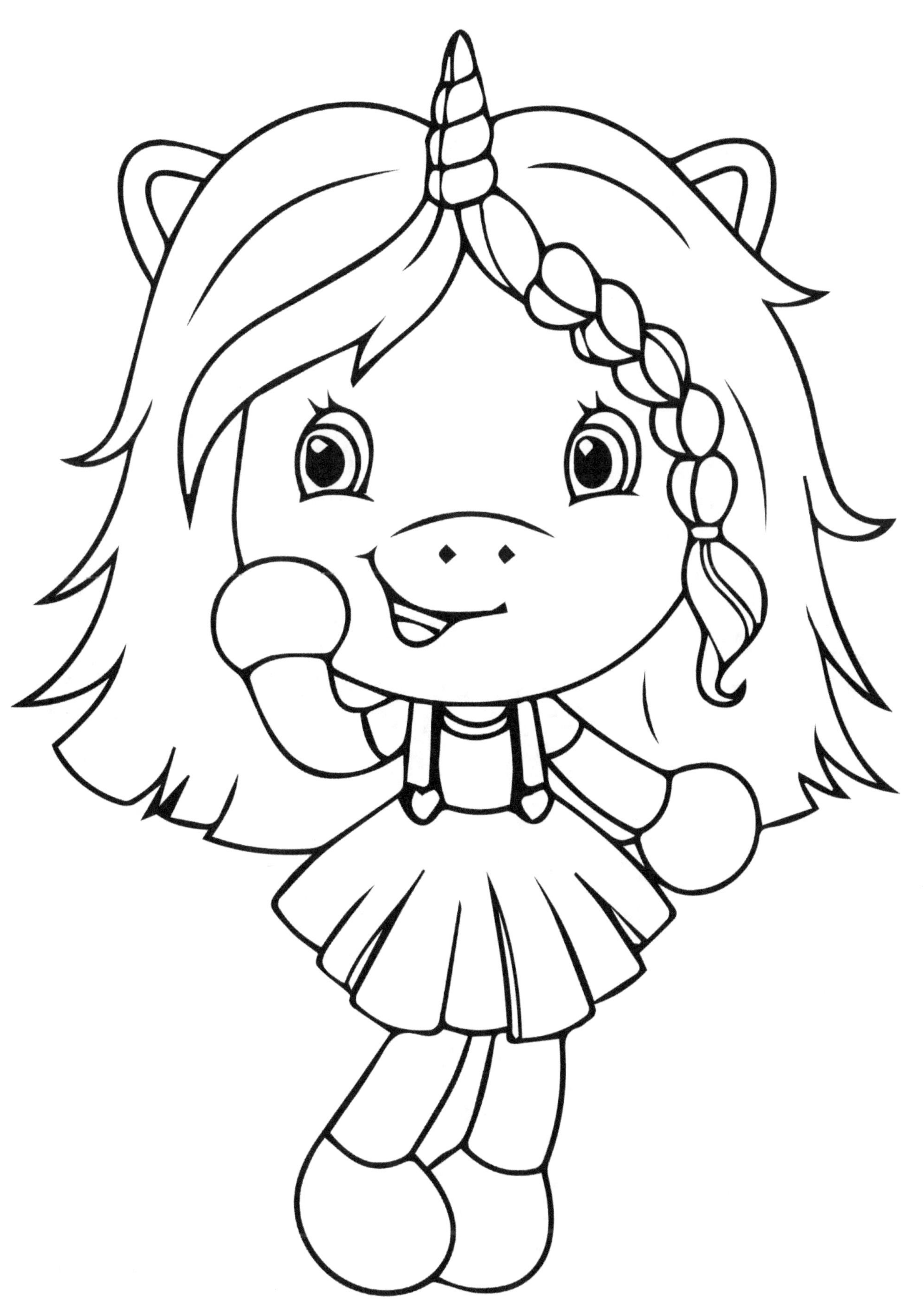

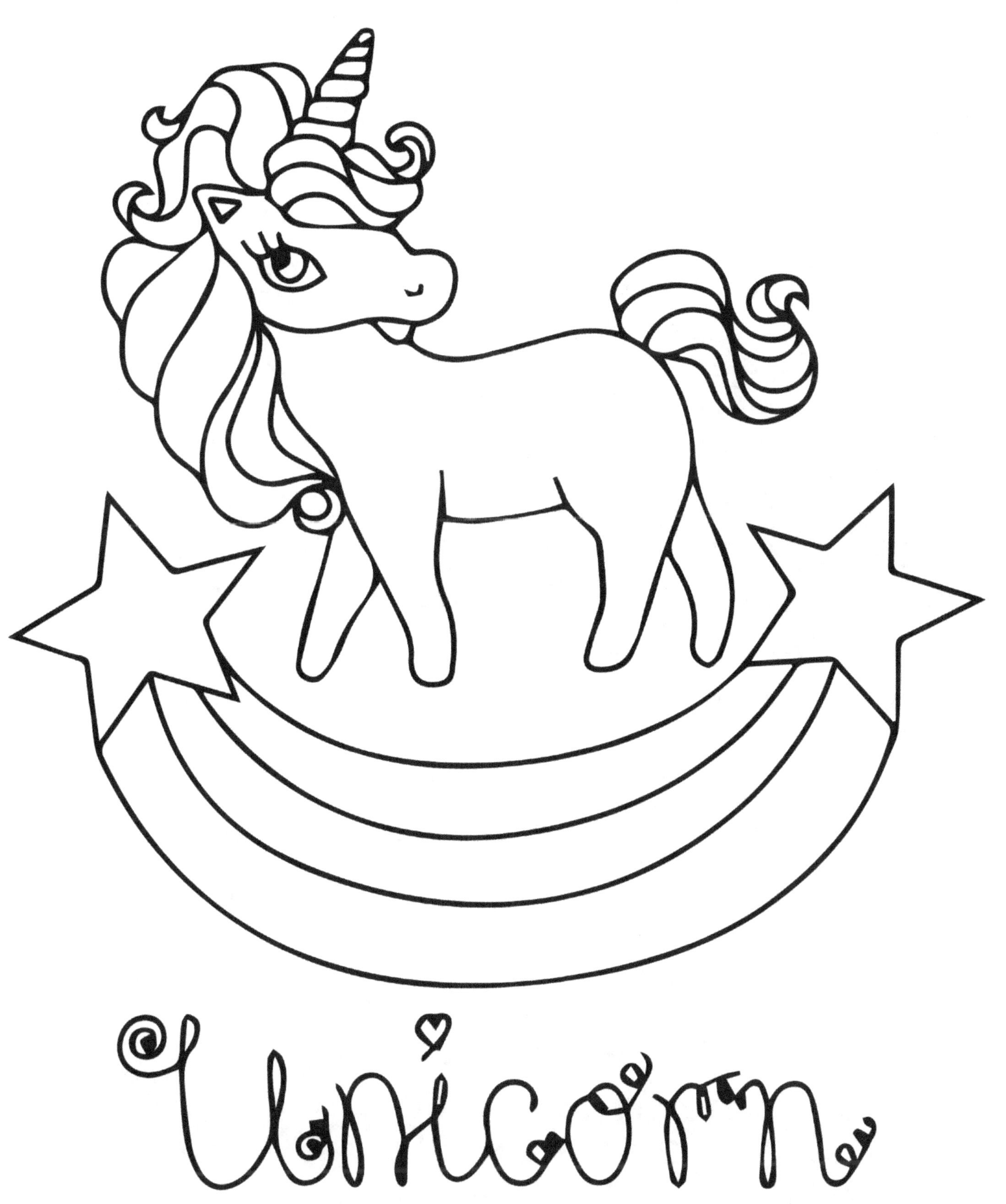
Unicorn

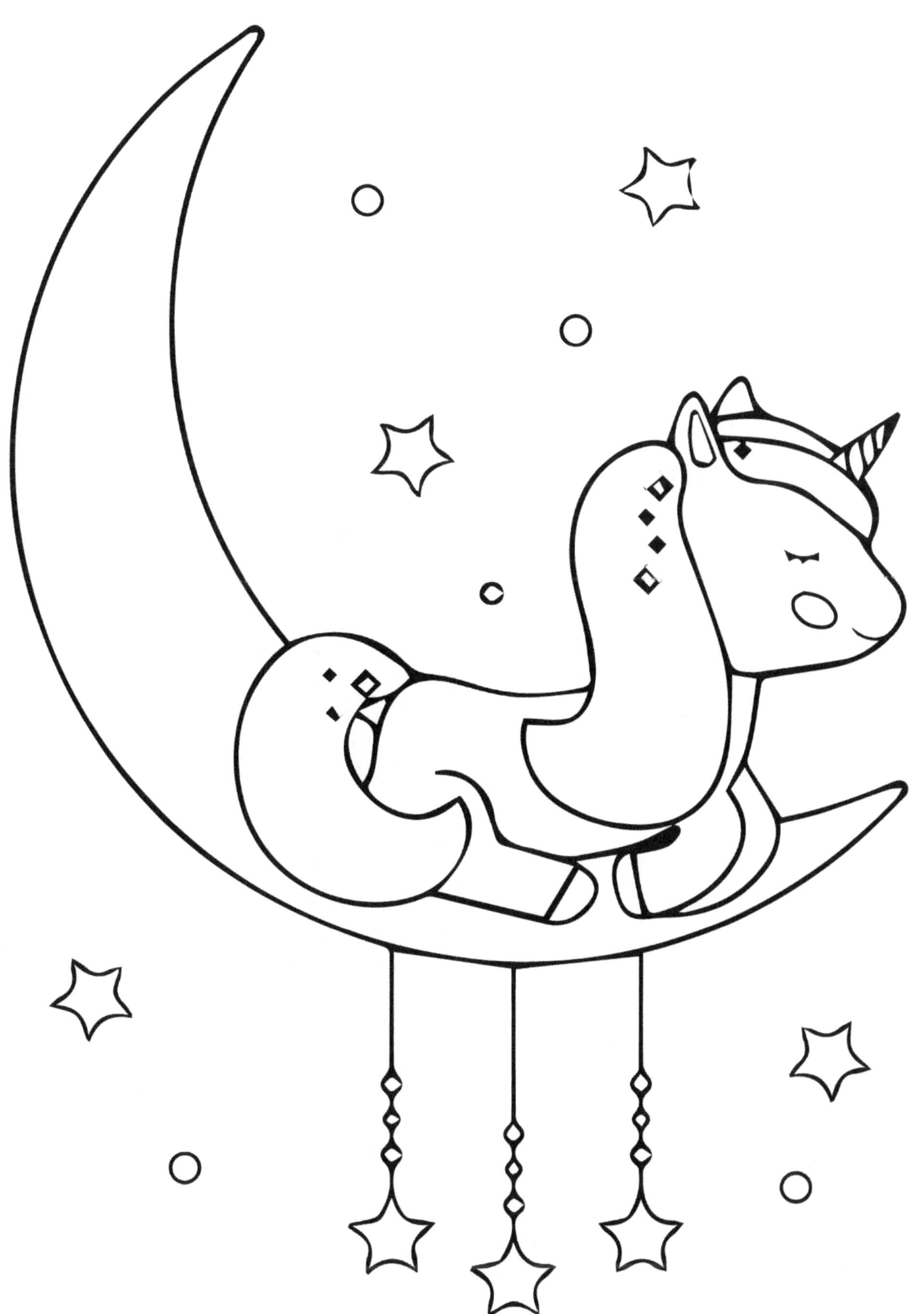

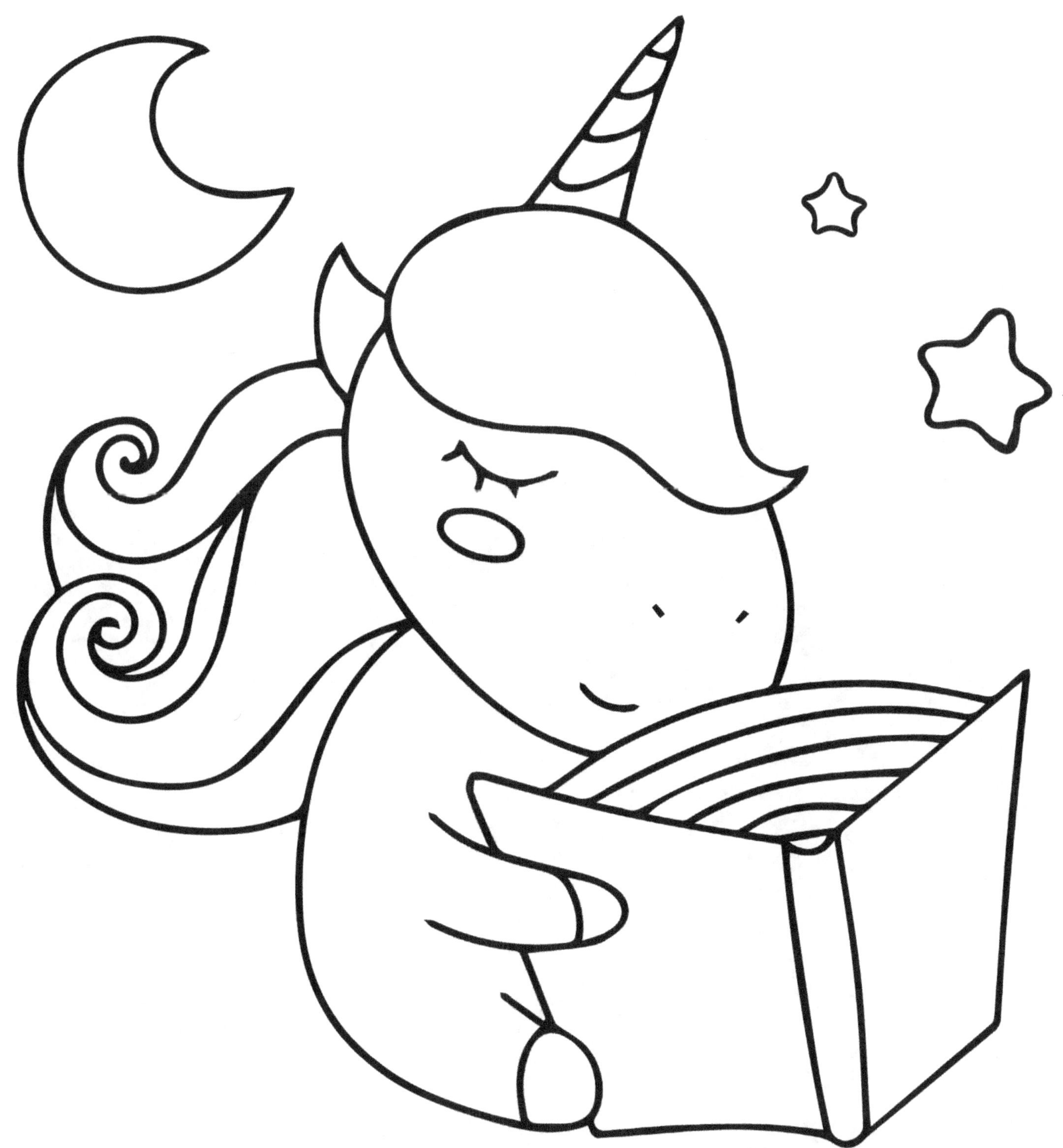

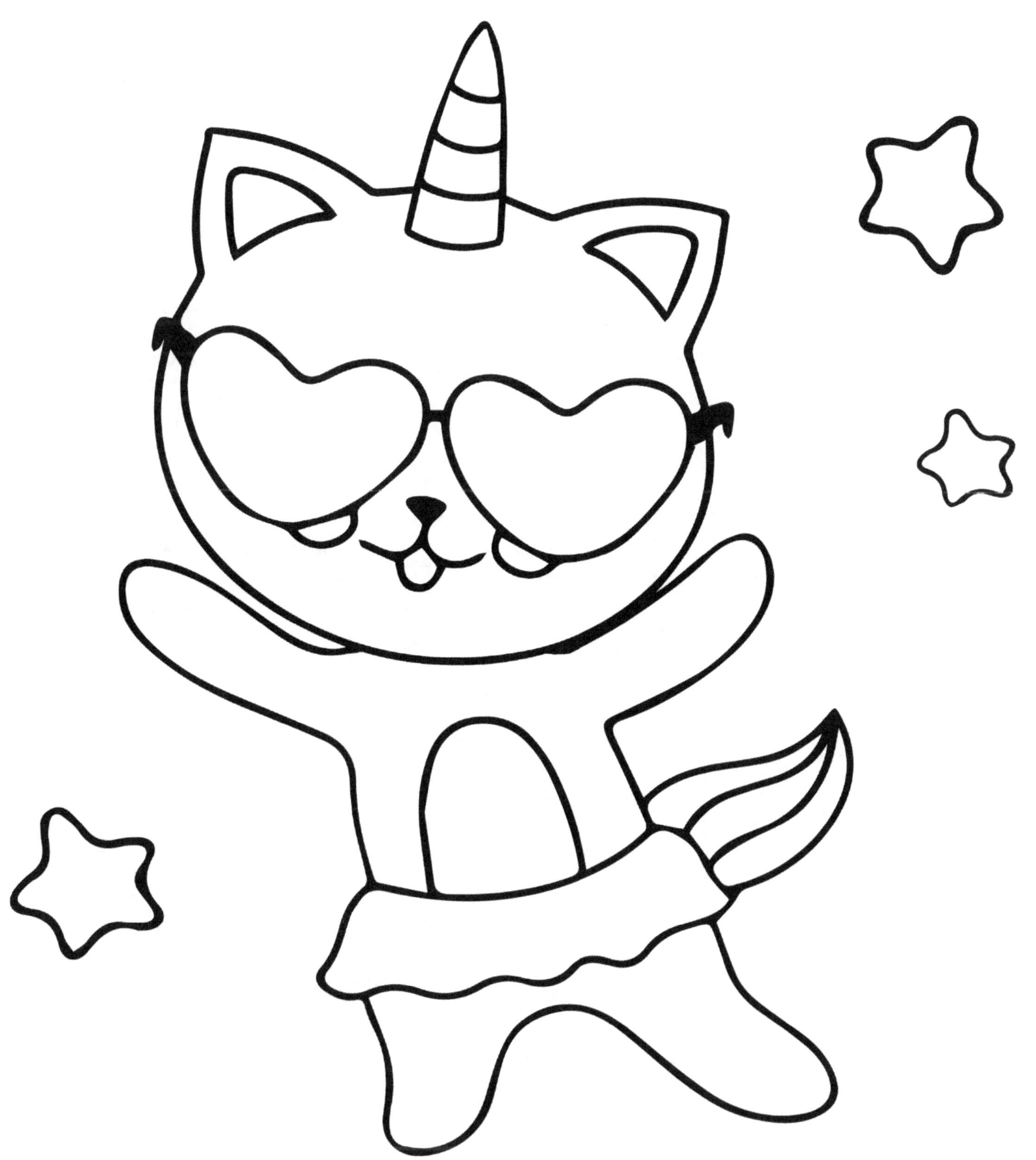

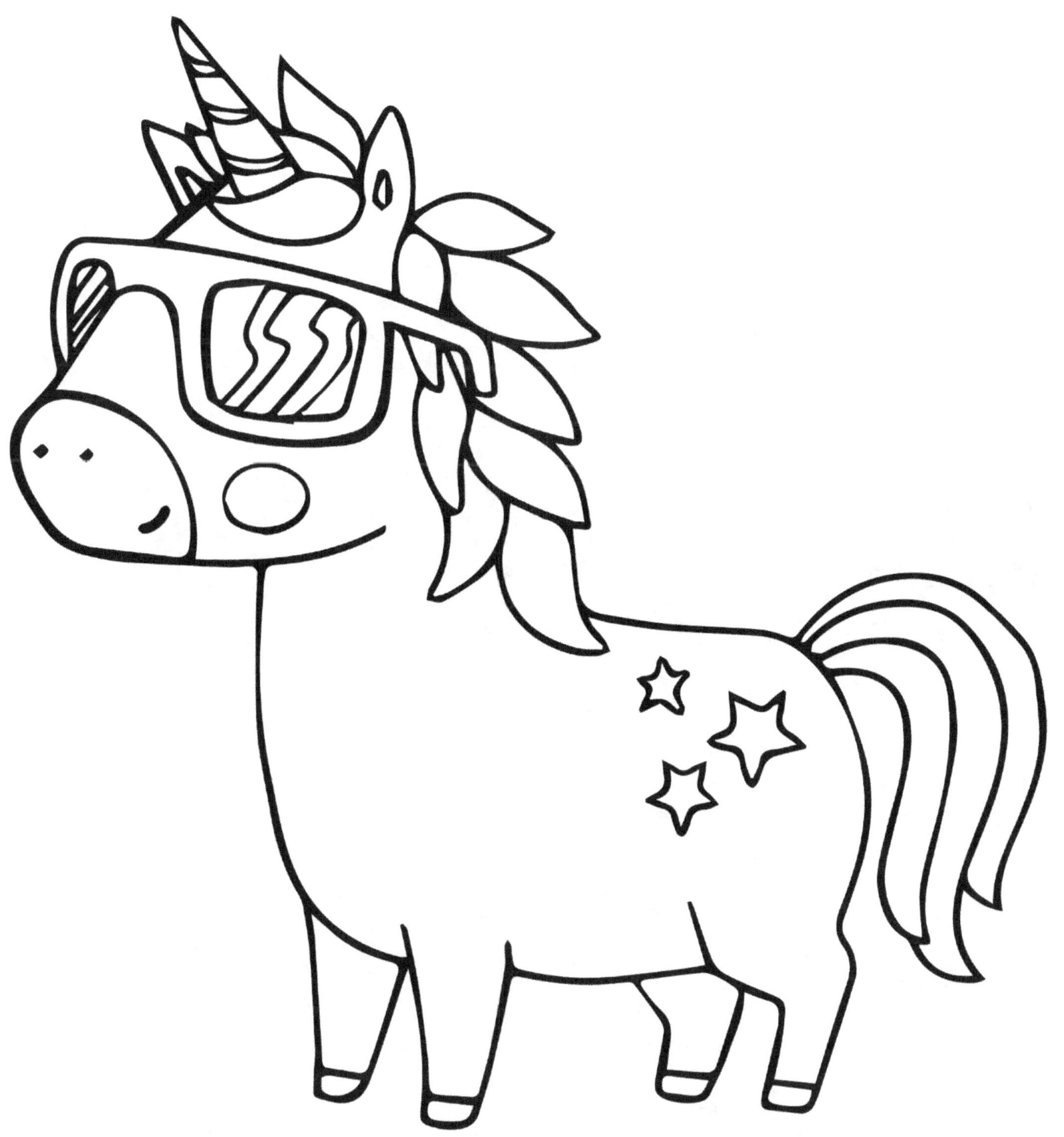

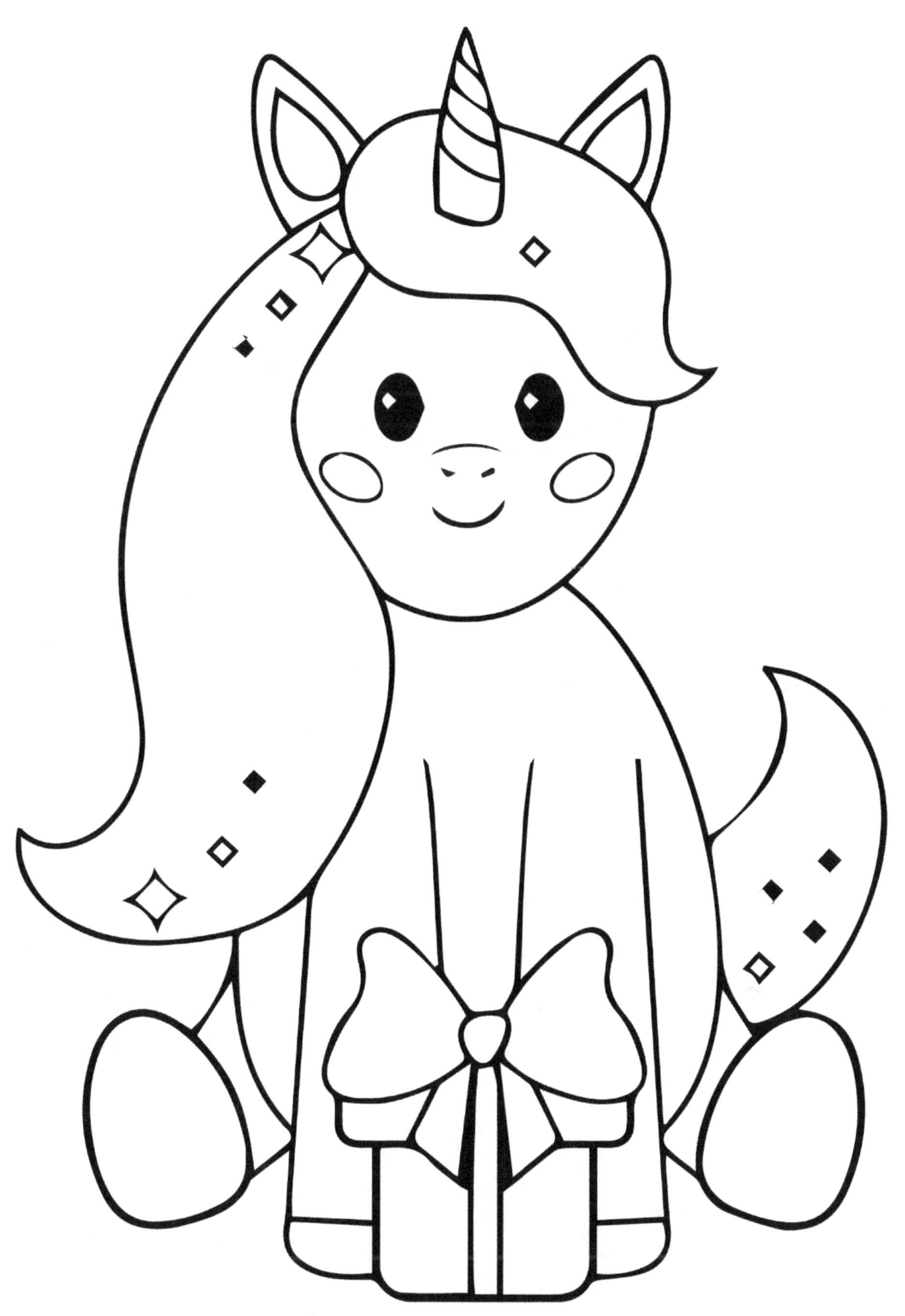

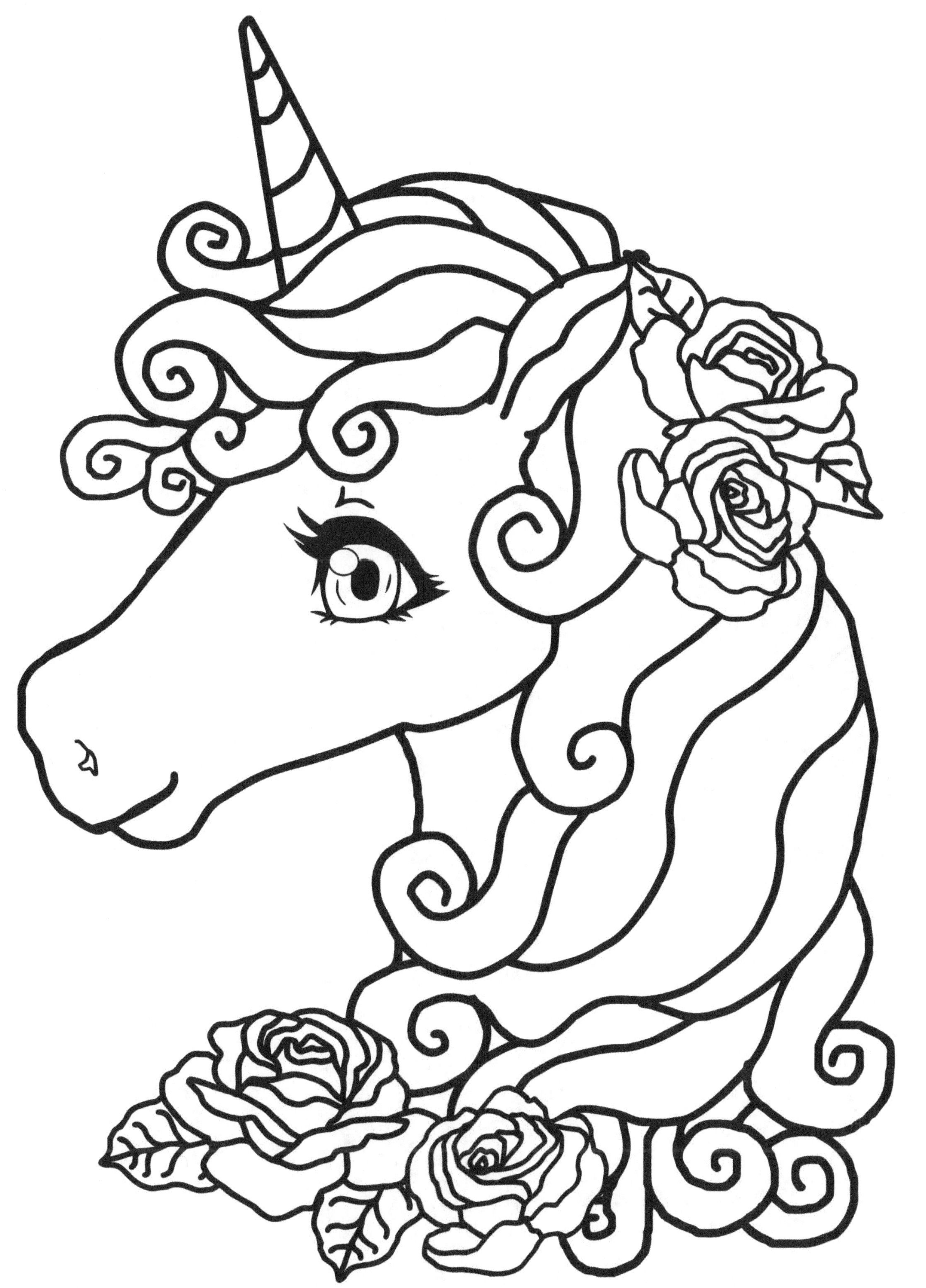

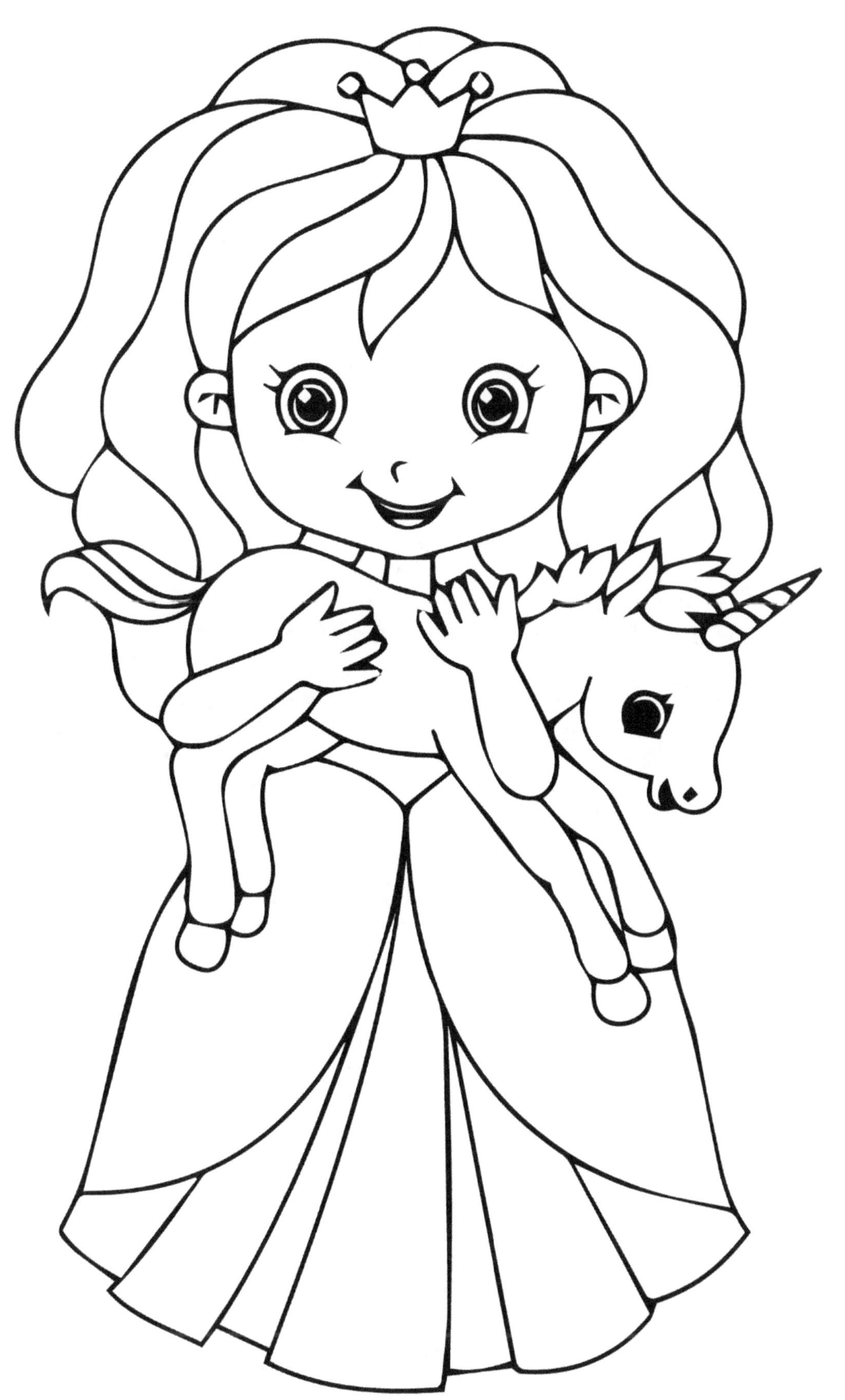

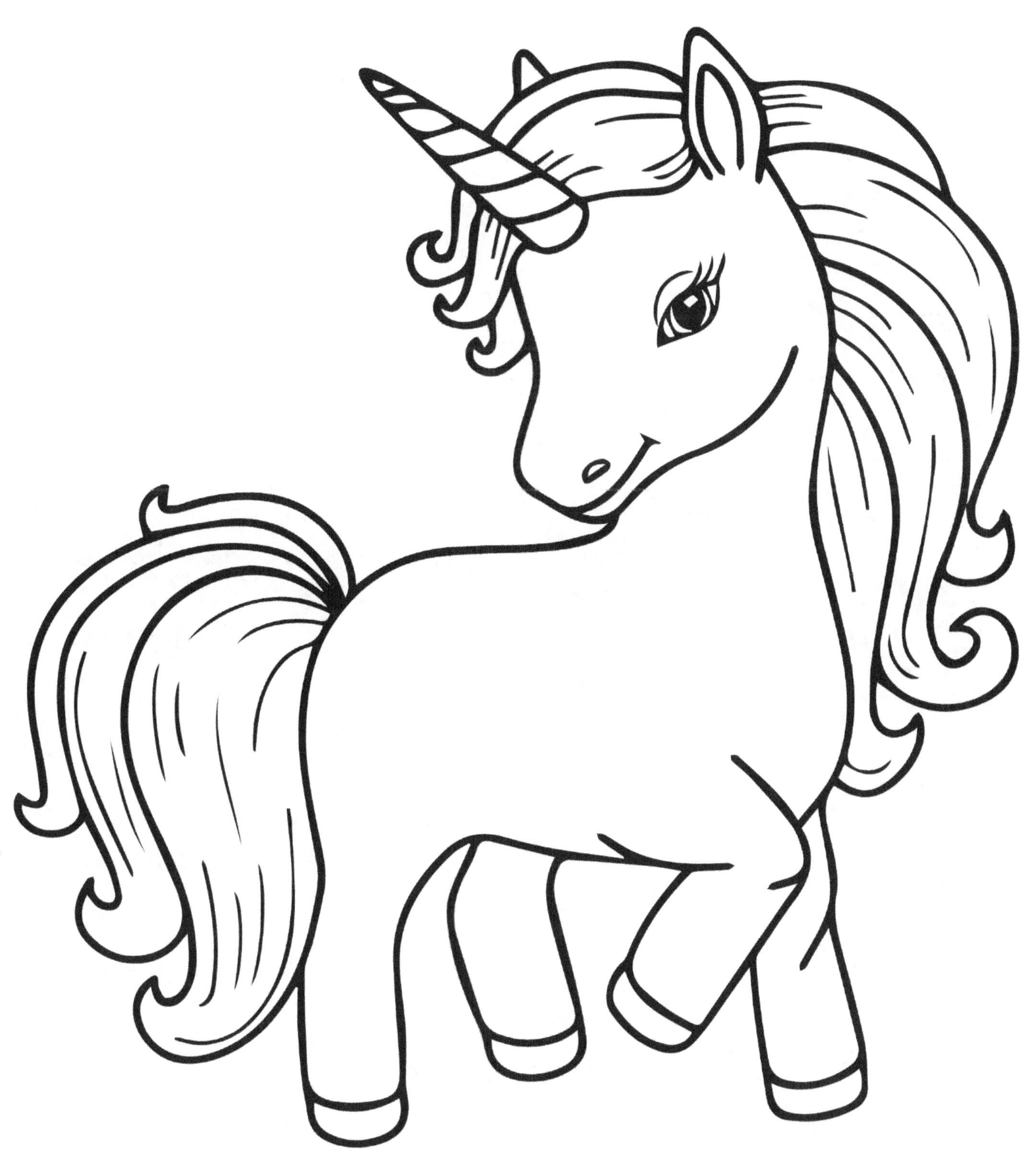

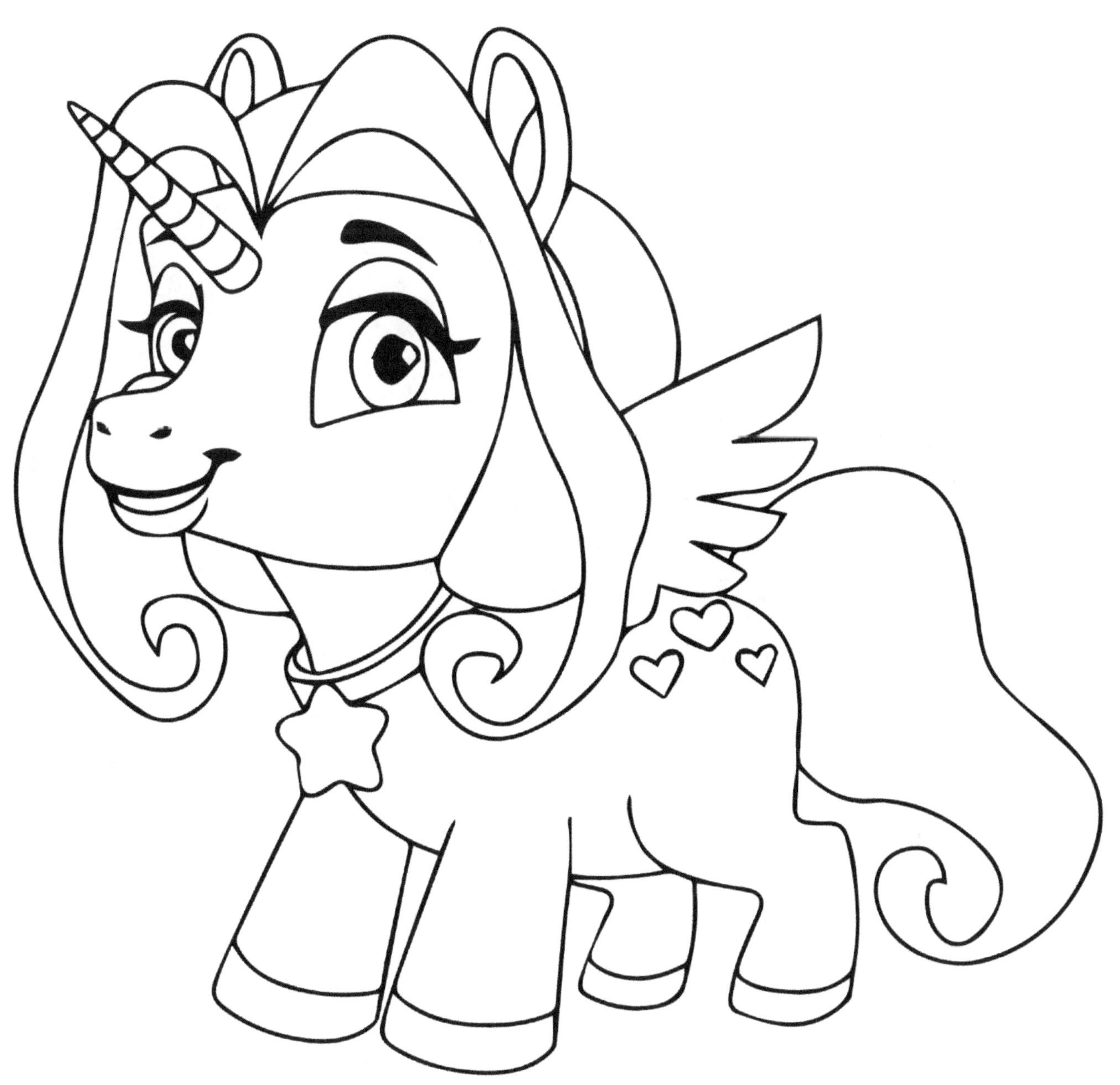

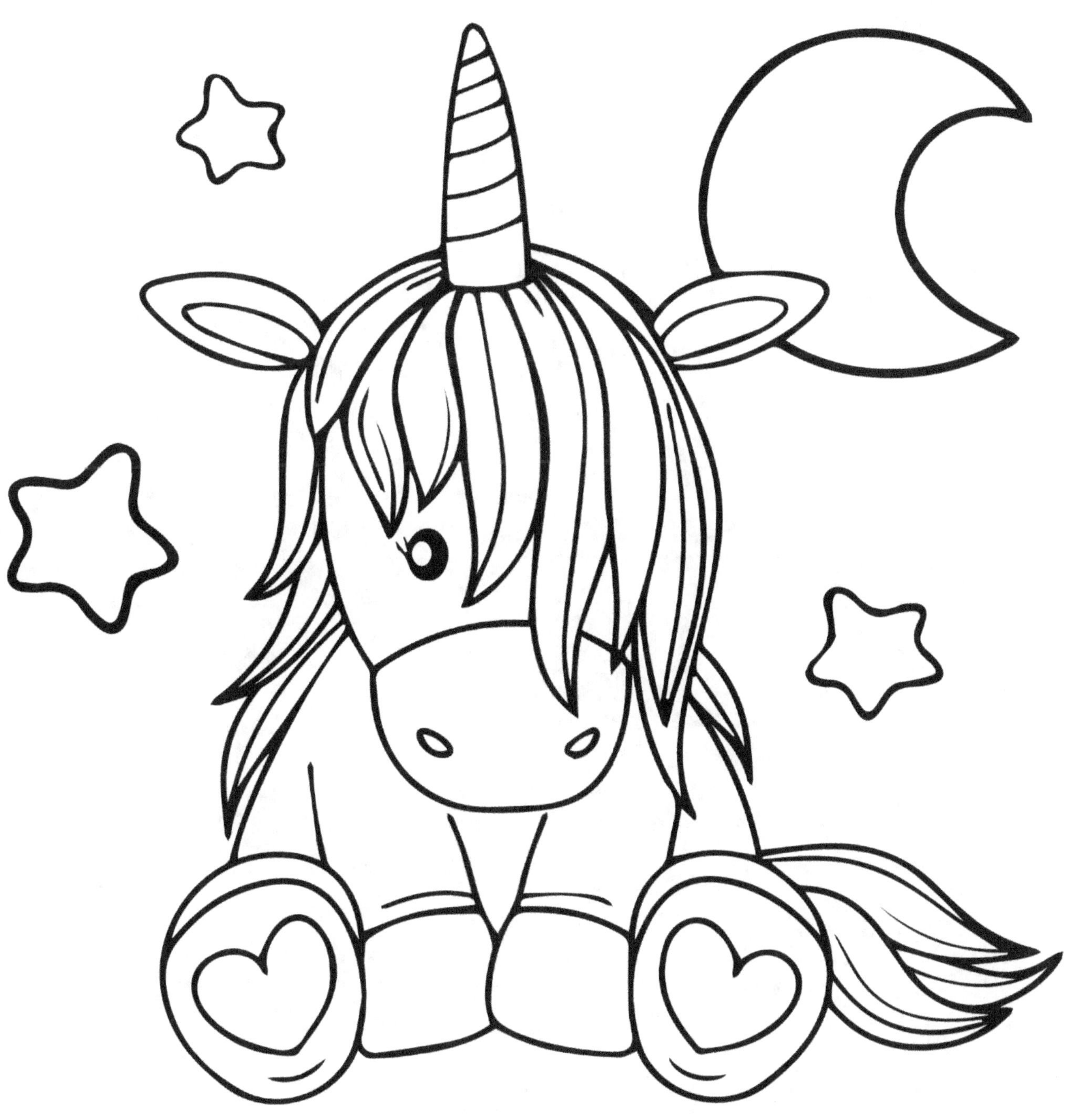

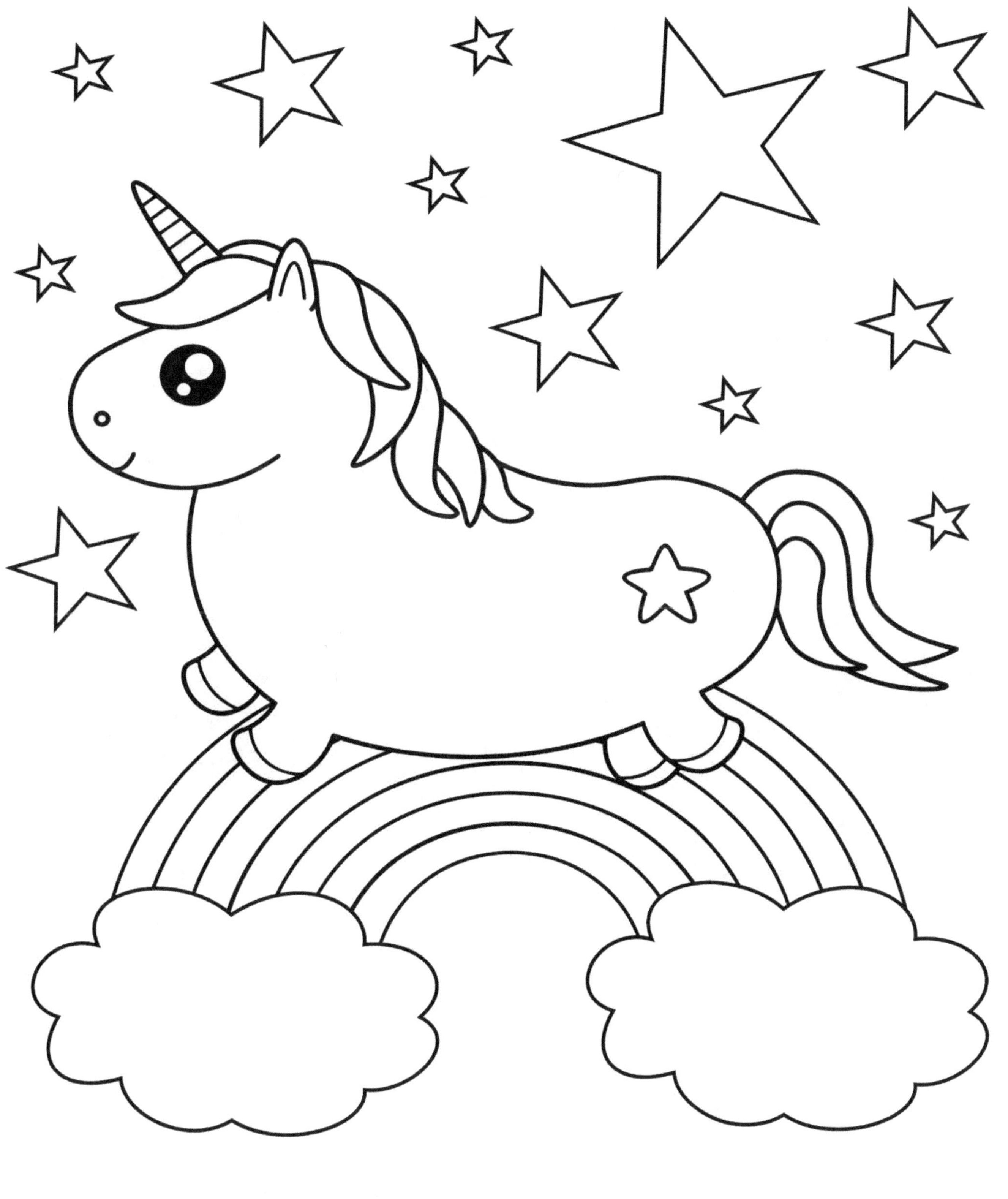

I believe in unicorns

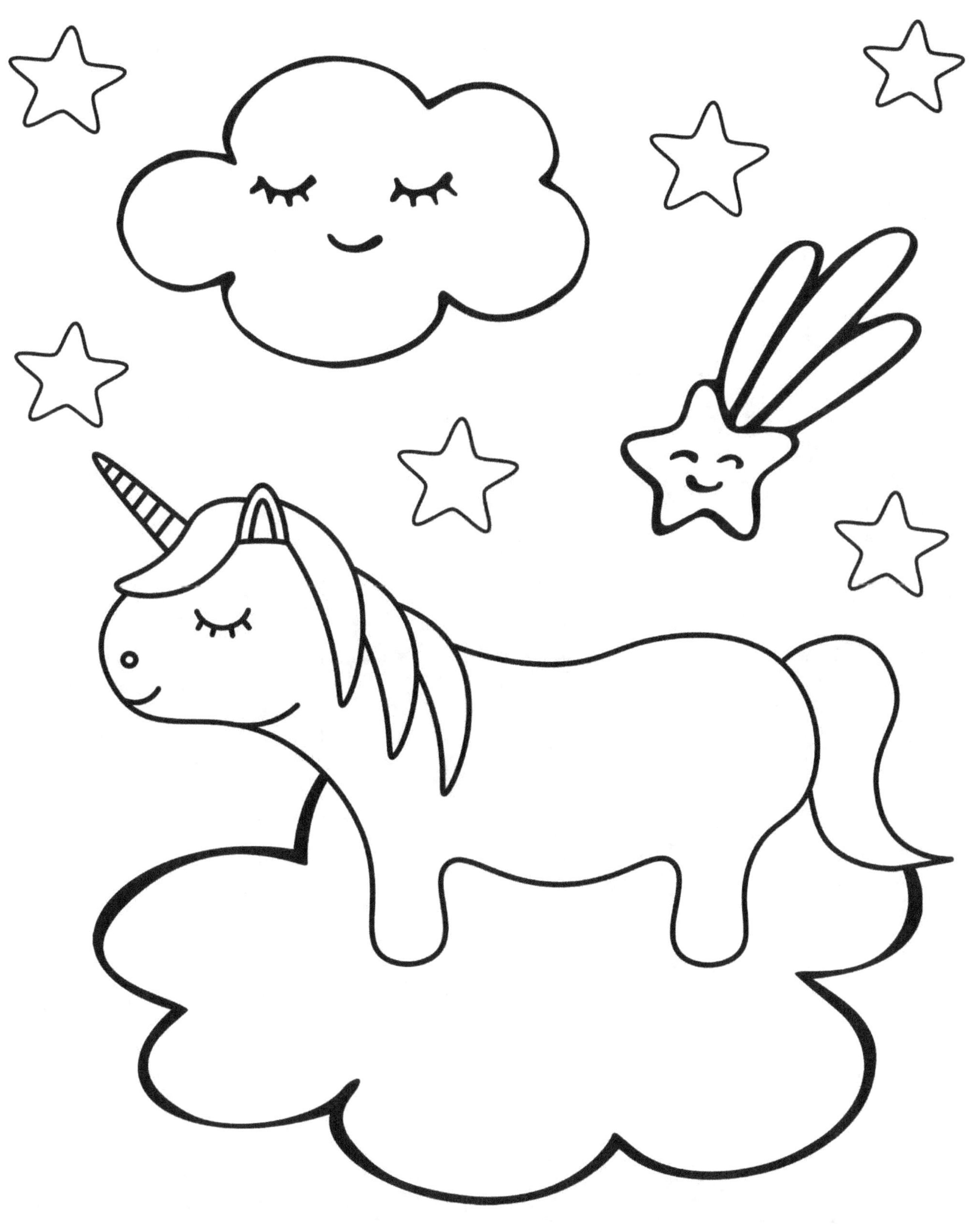

SWEET DREAMS

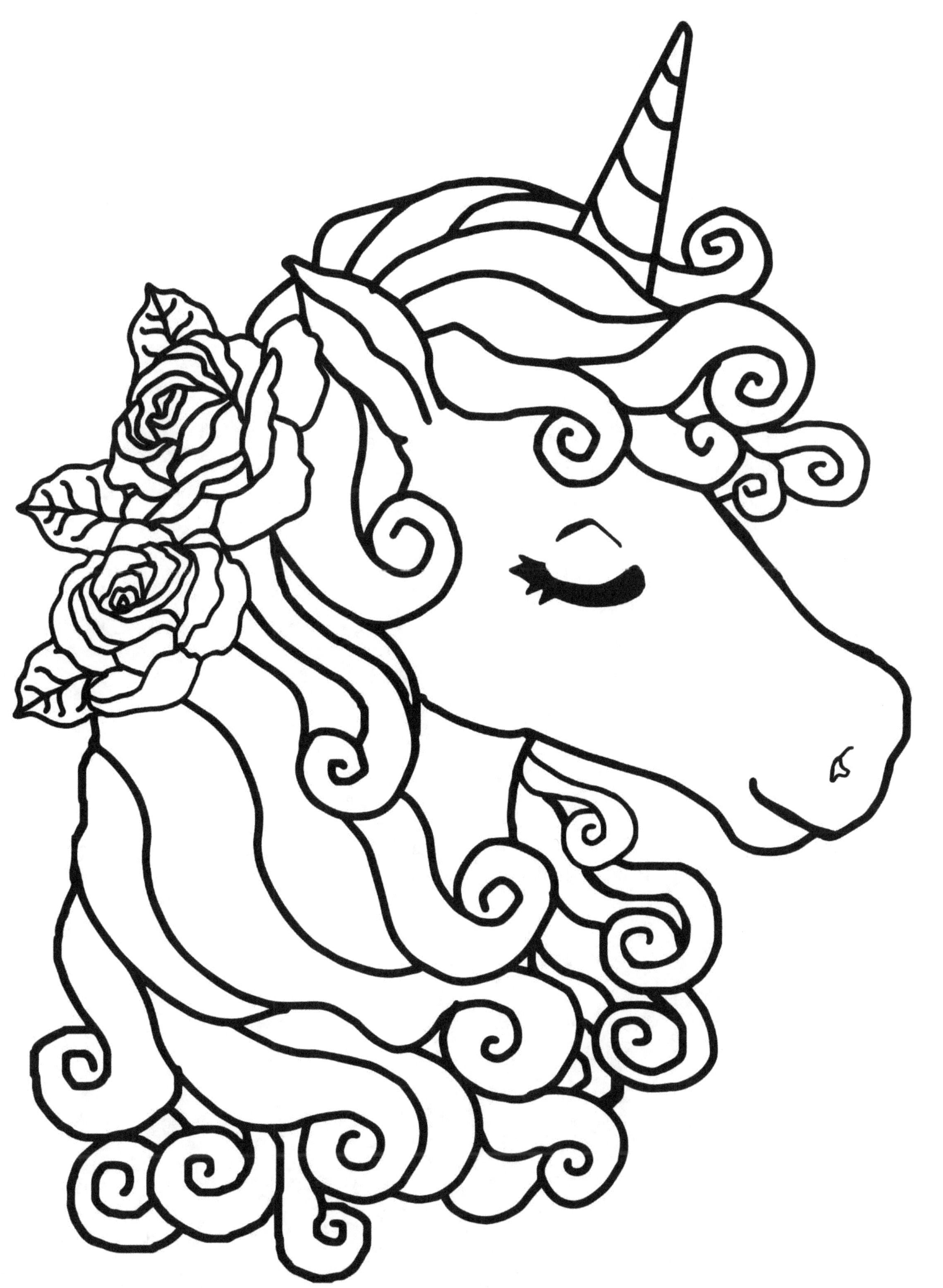

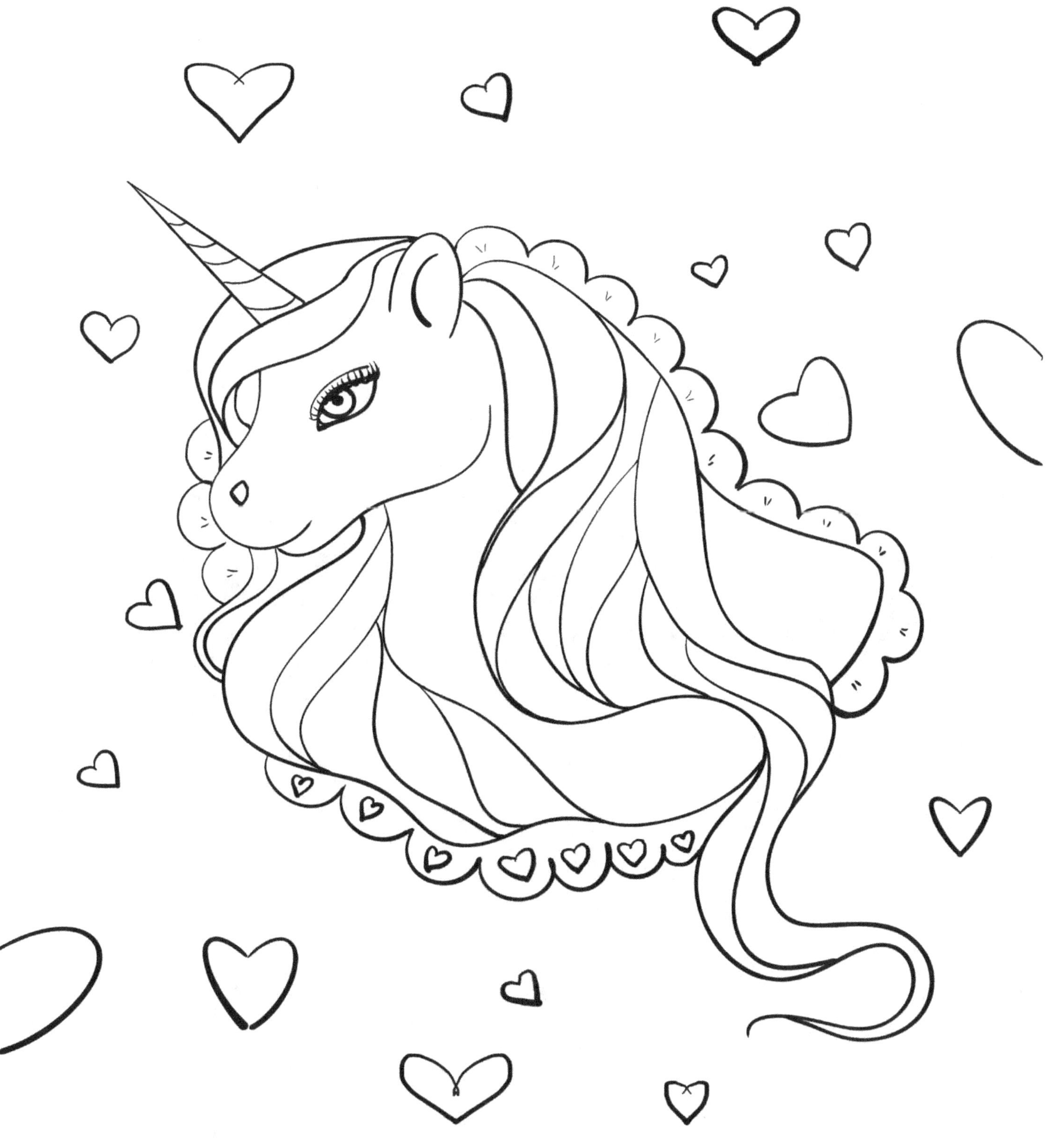

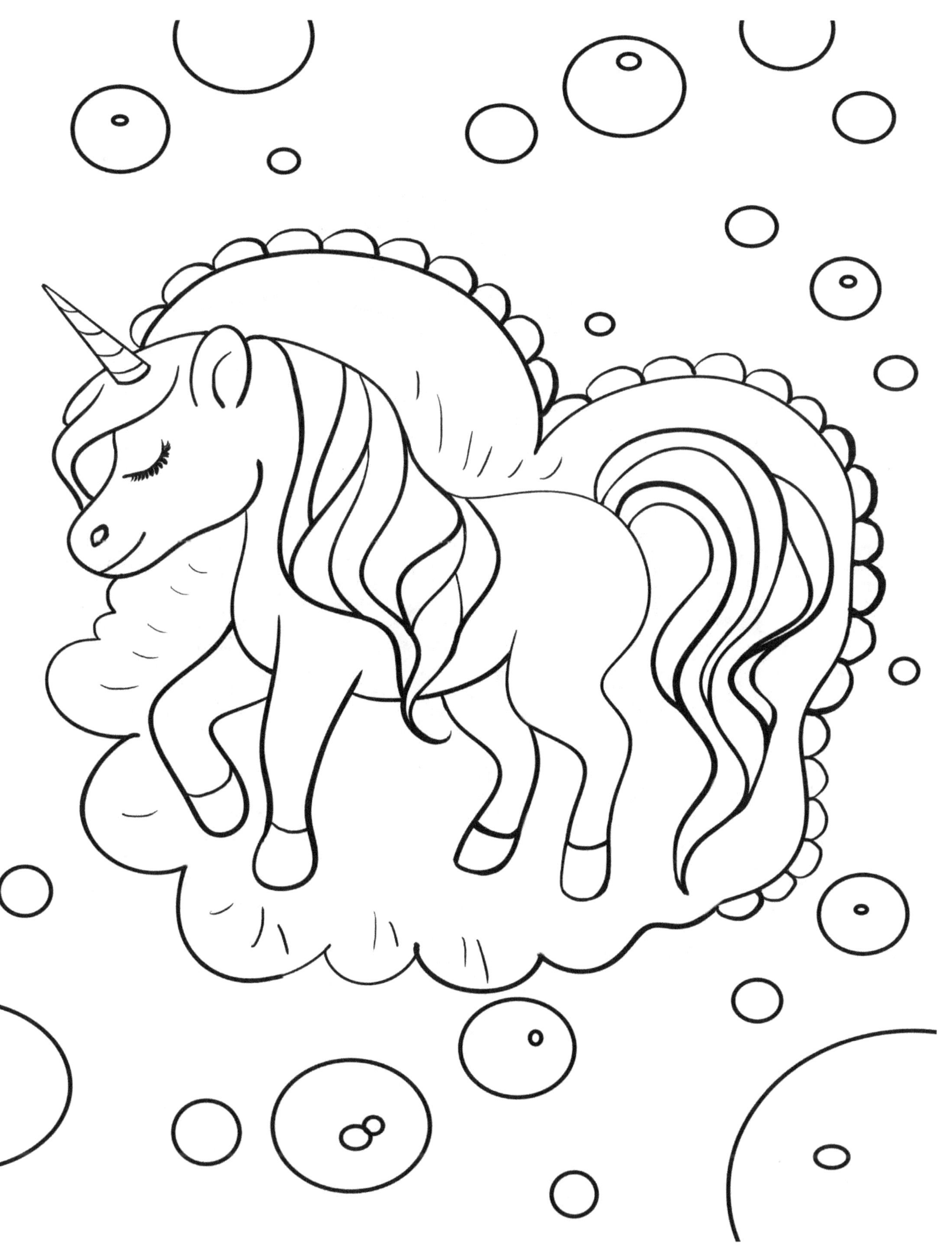

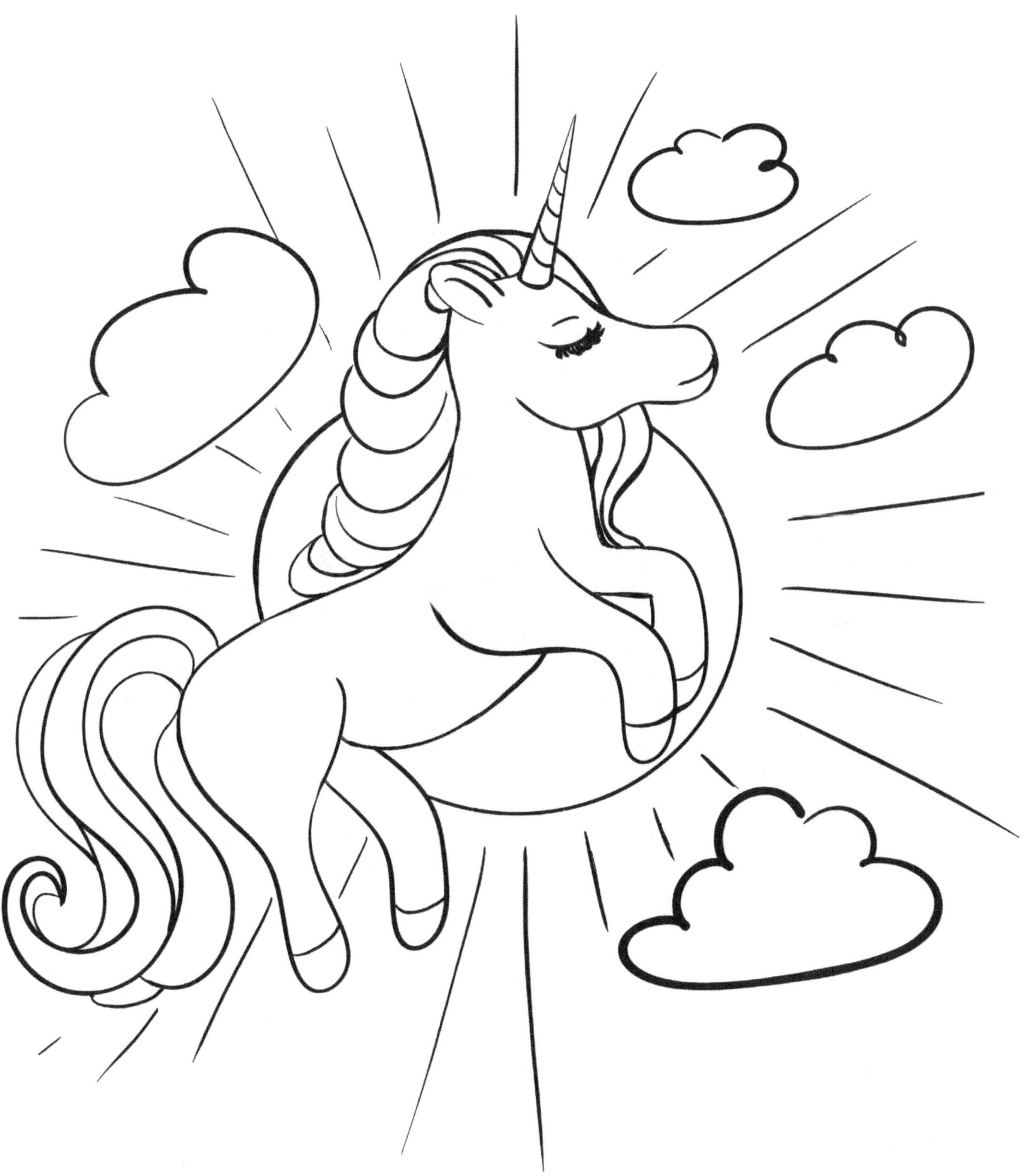

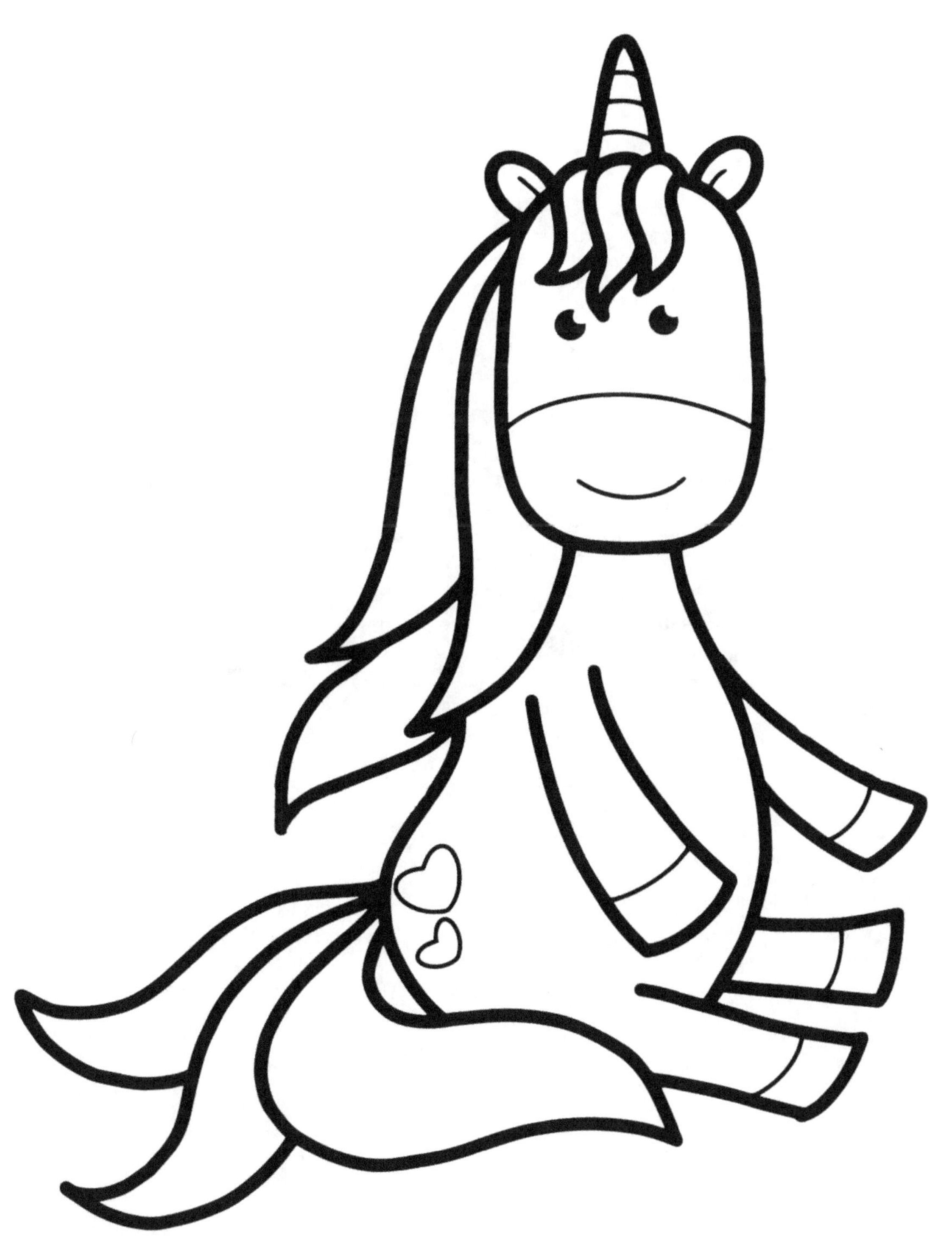

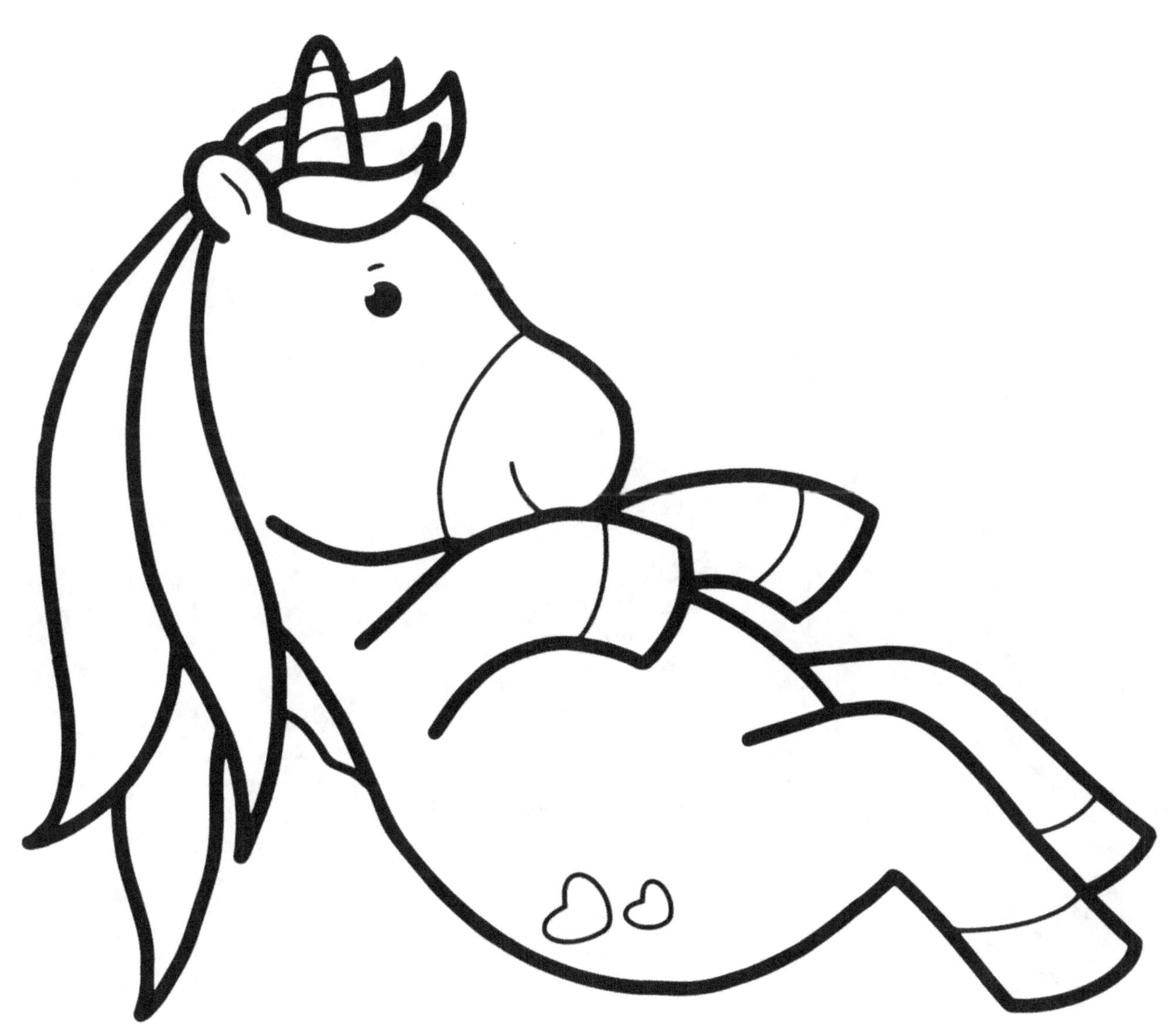

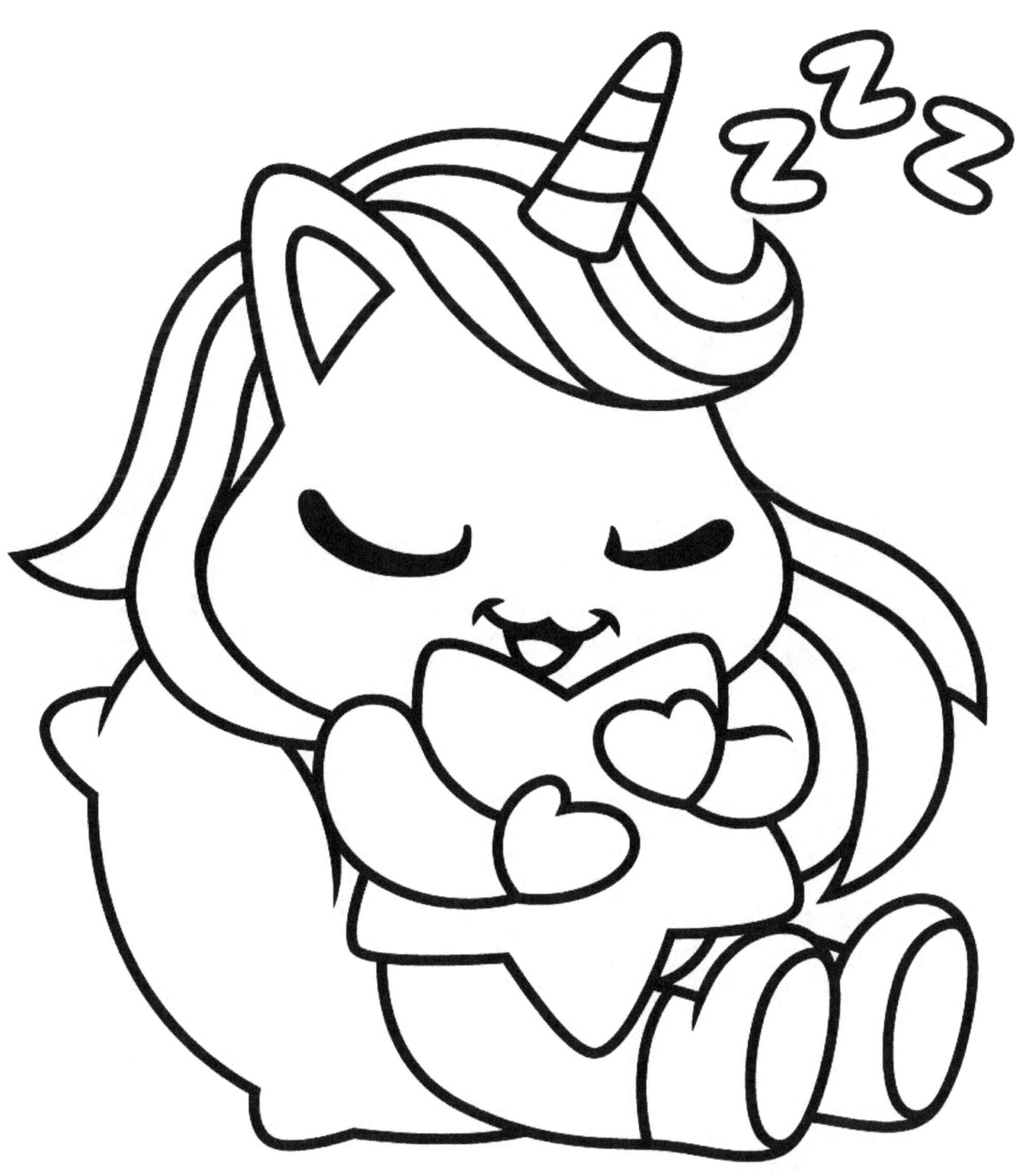

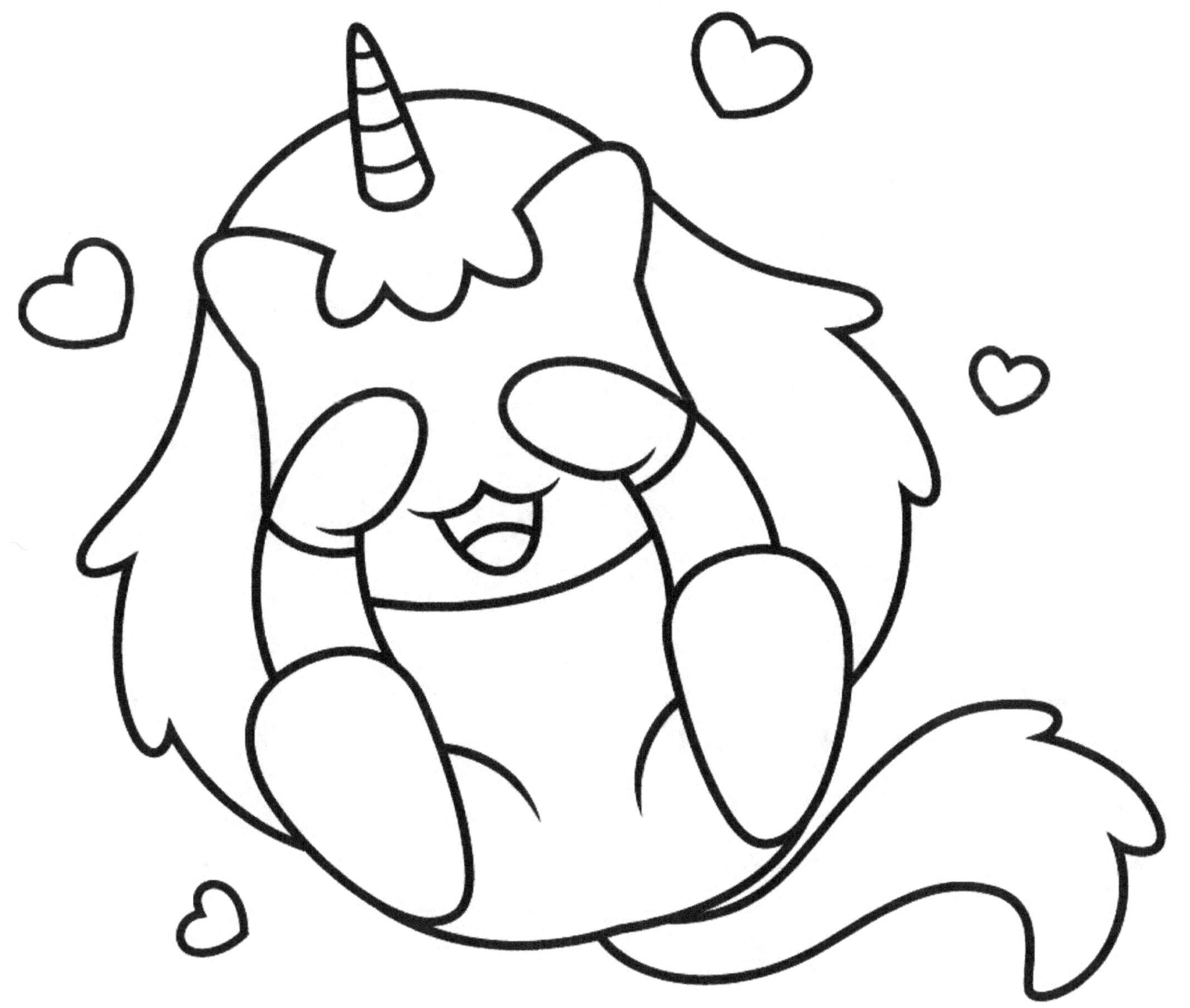

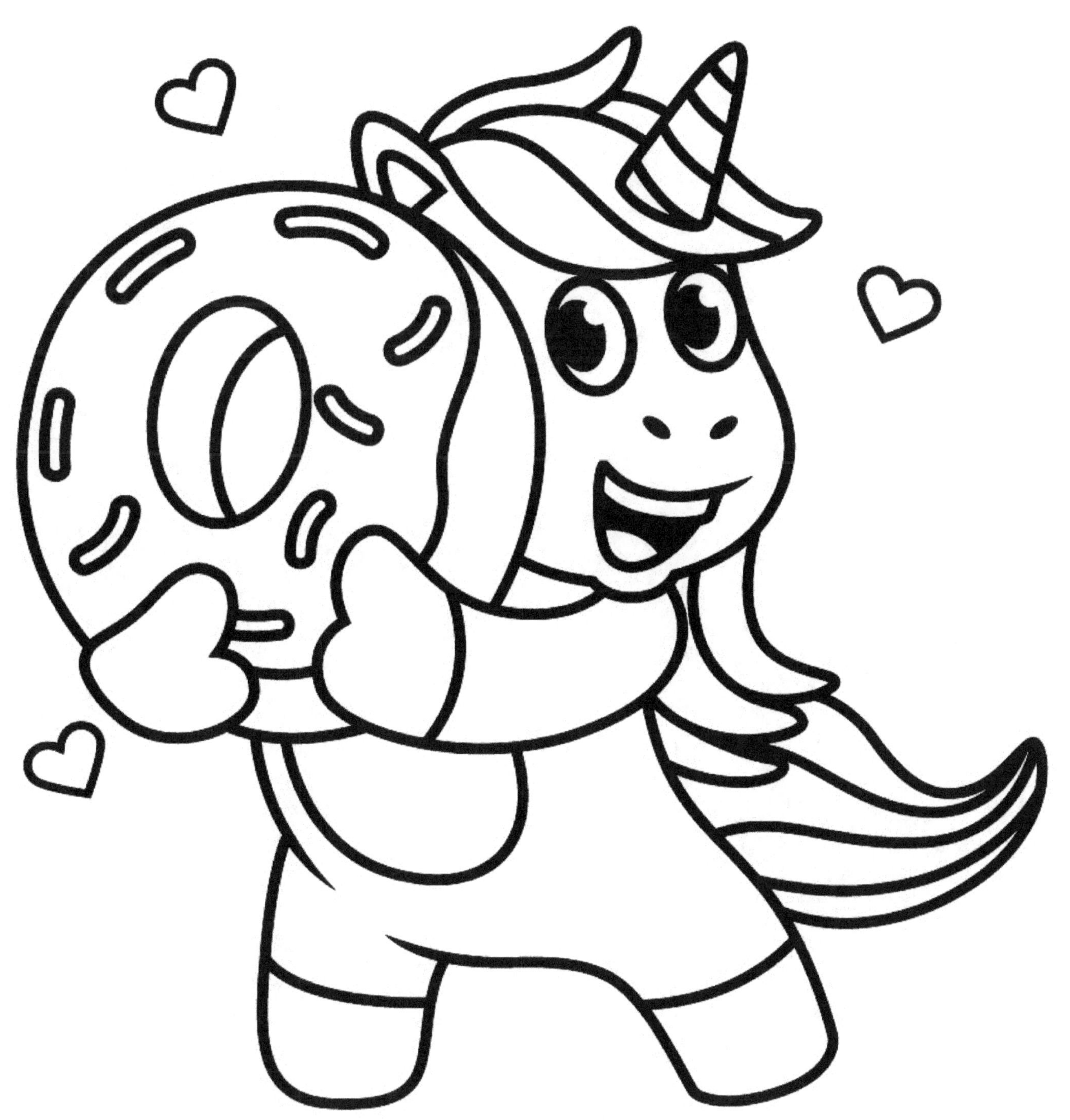

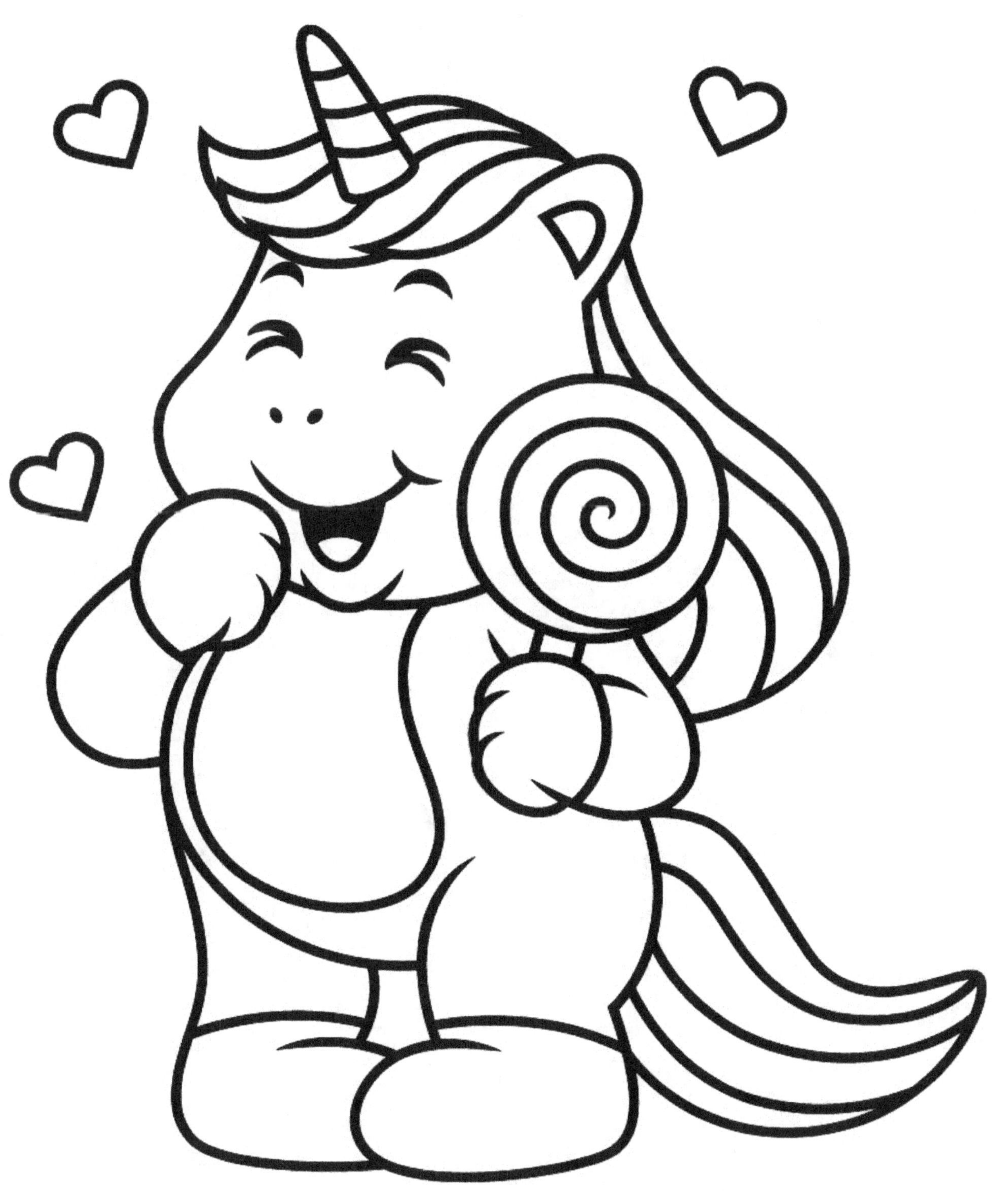

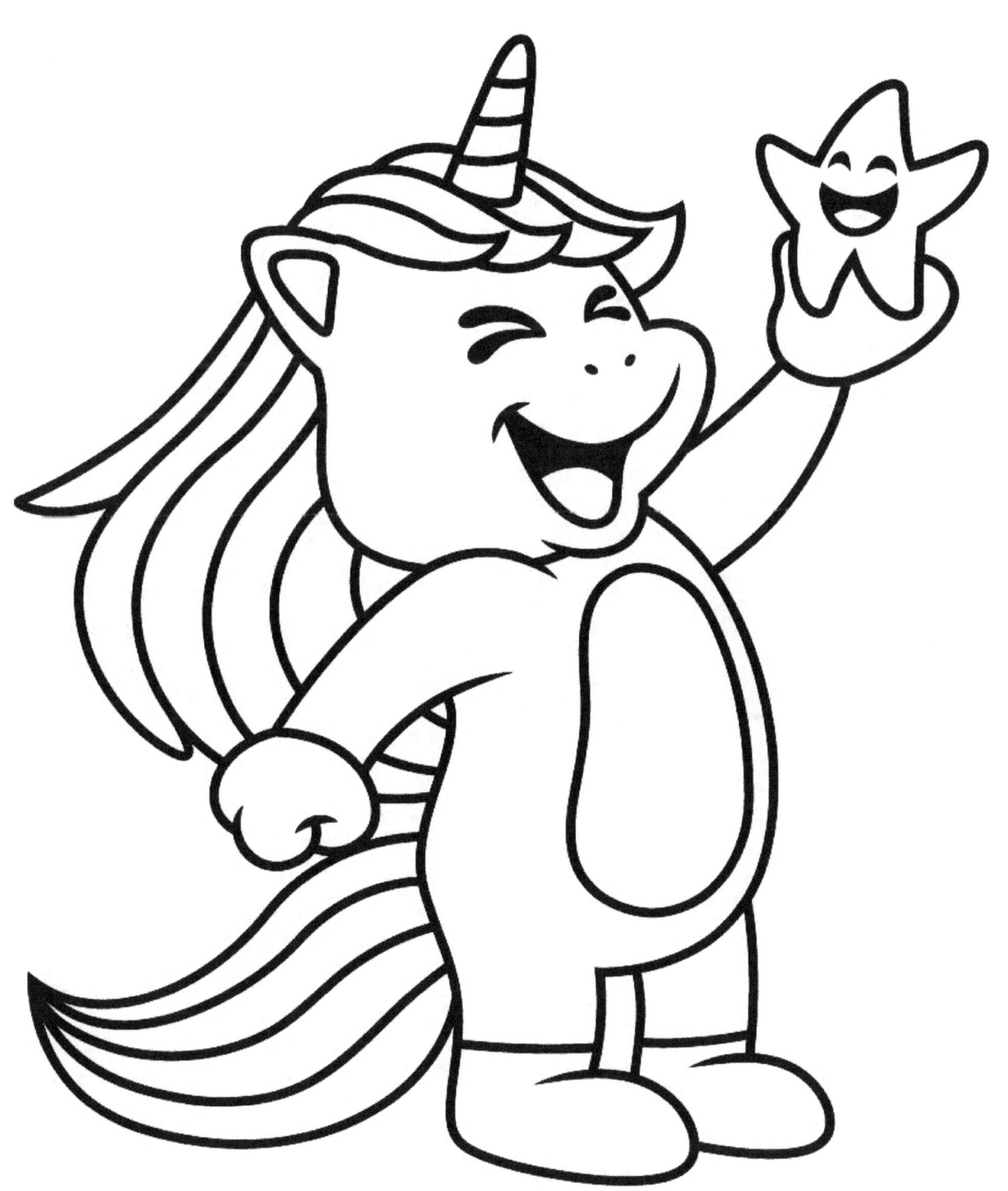

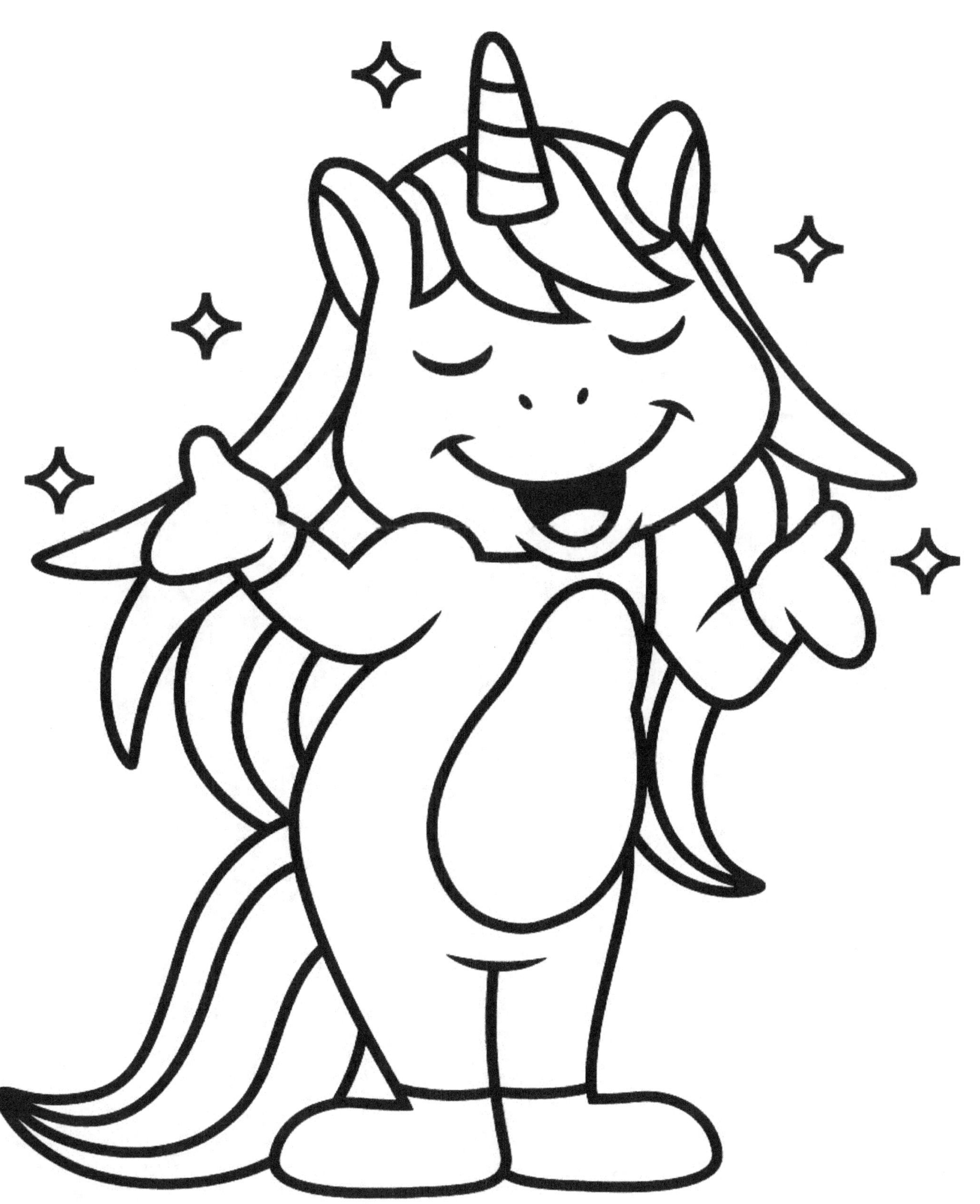

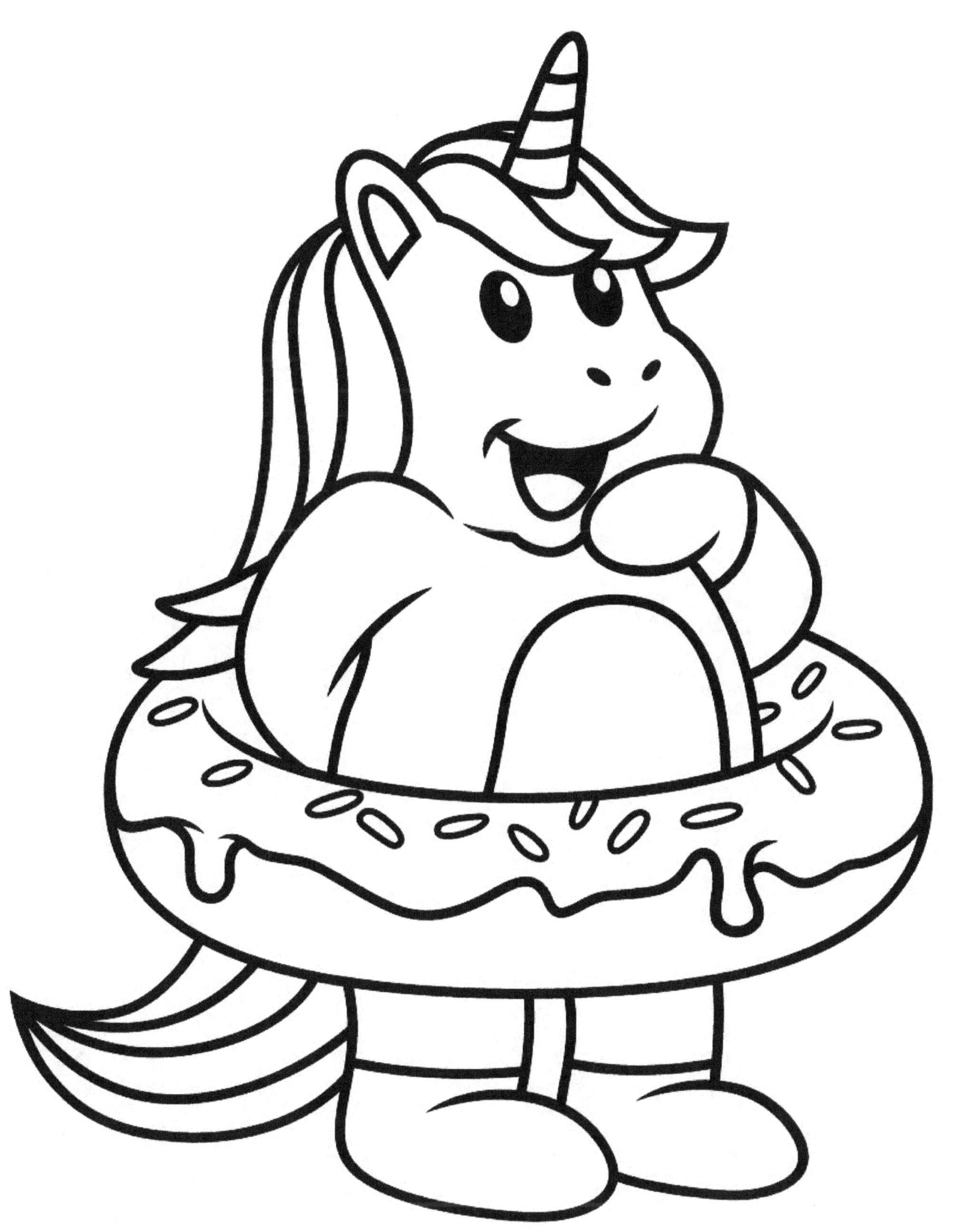

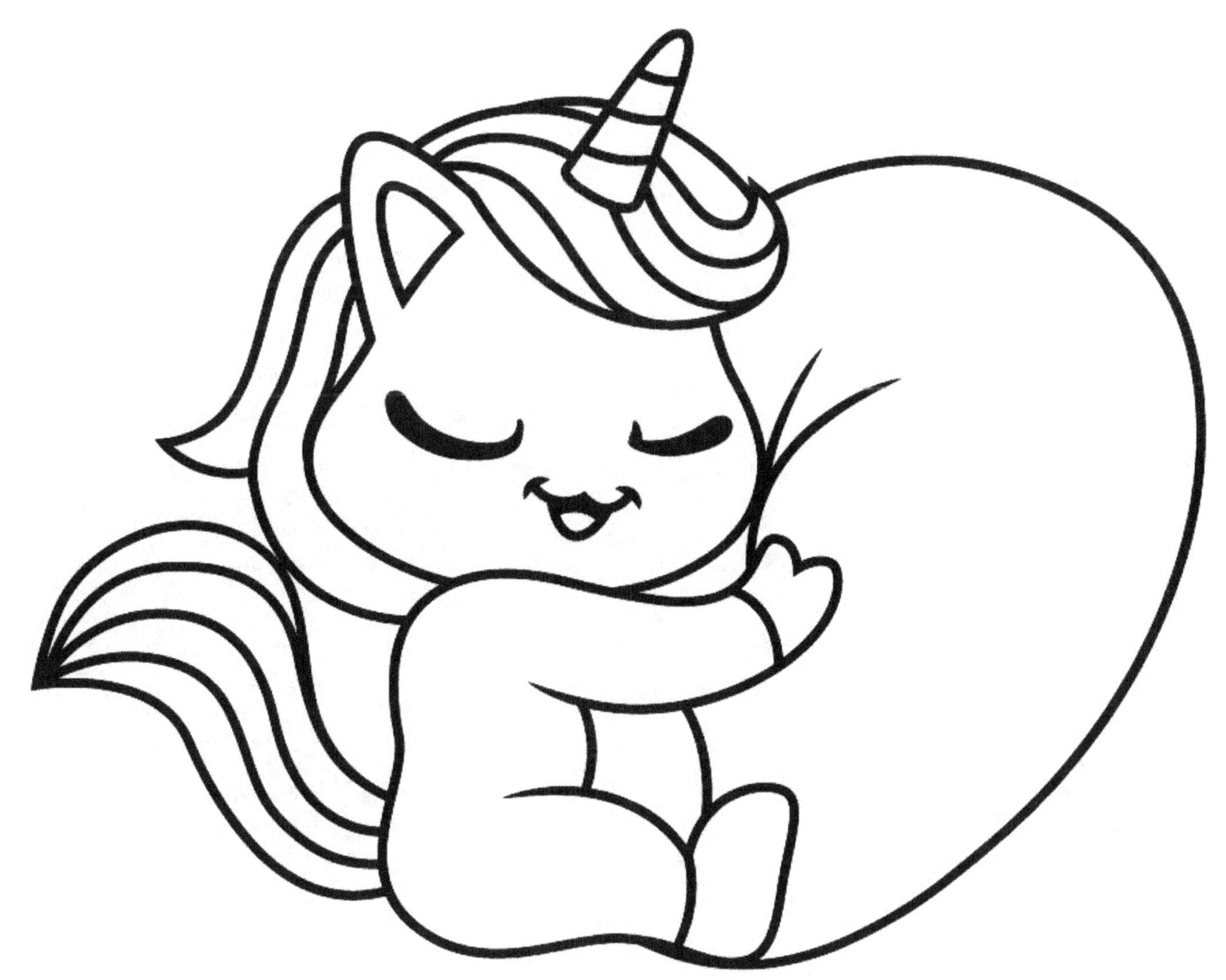

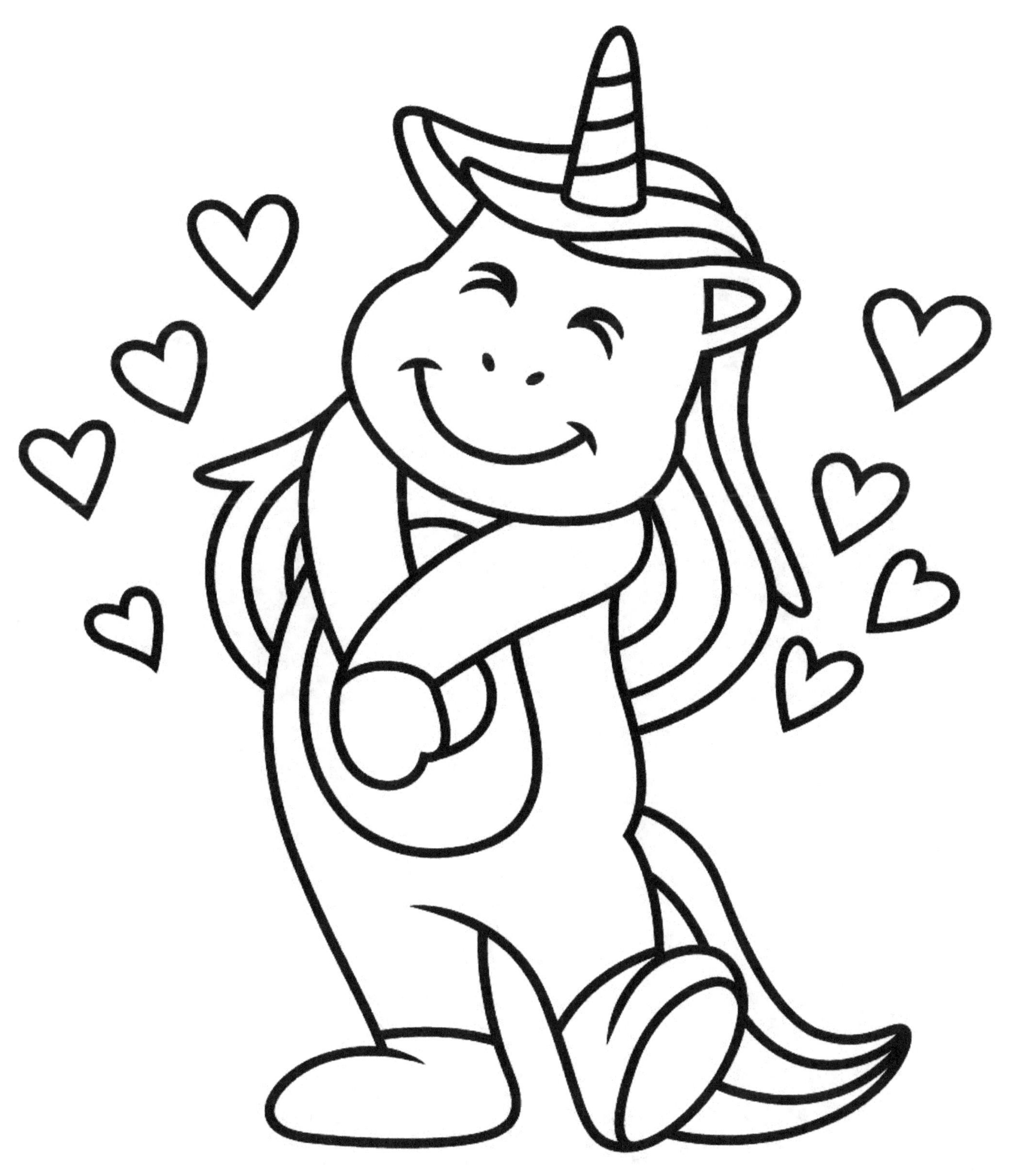

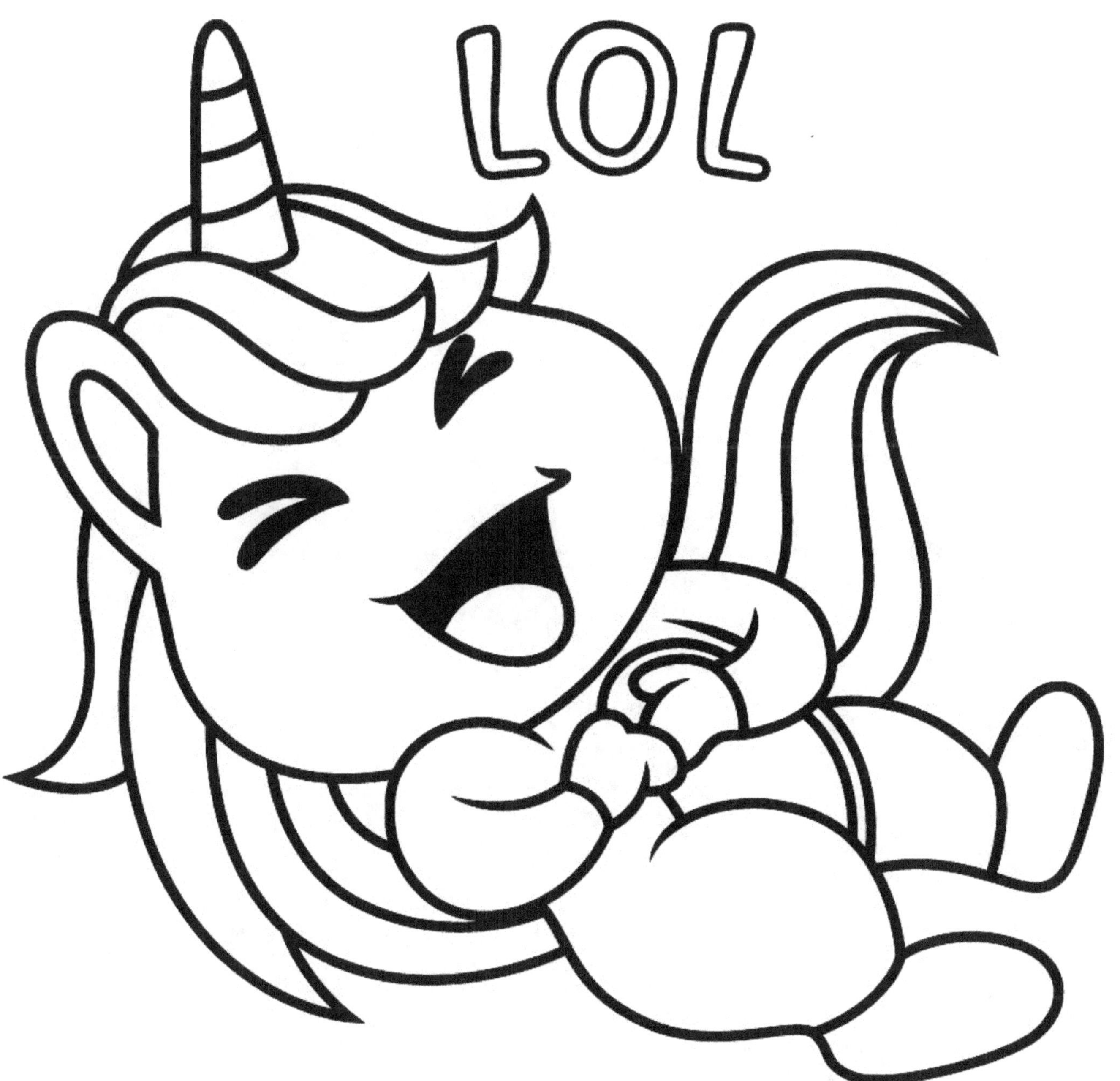

LOL

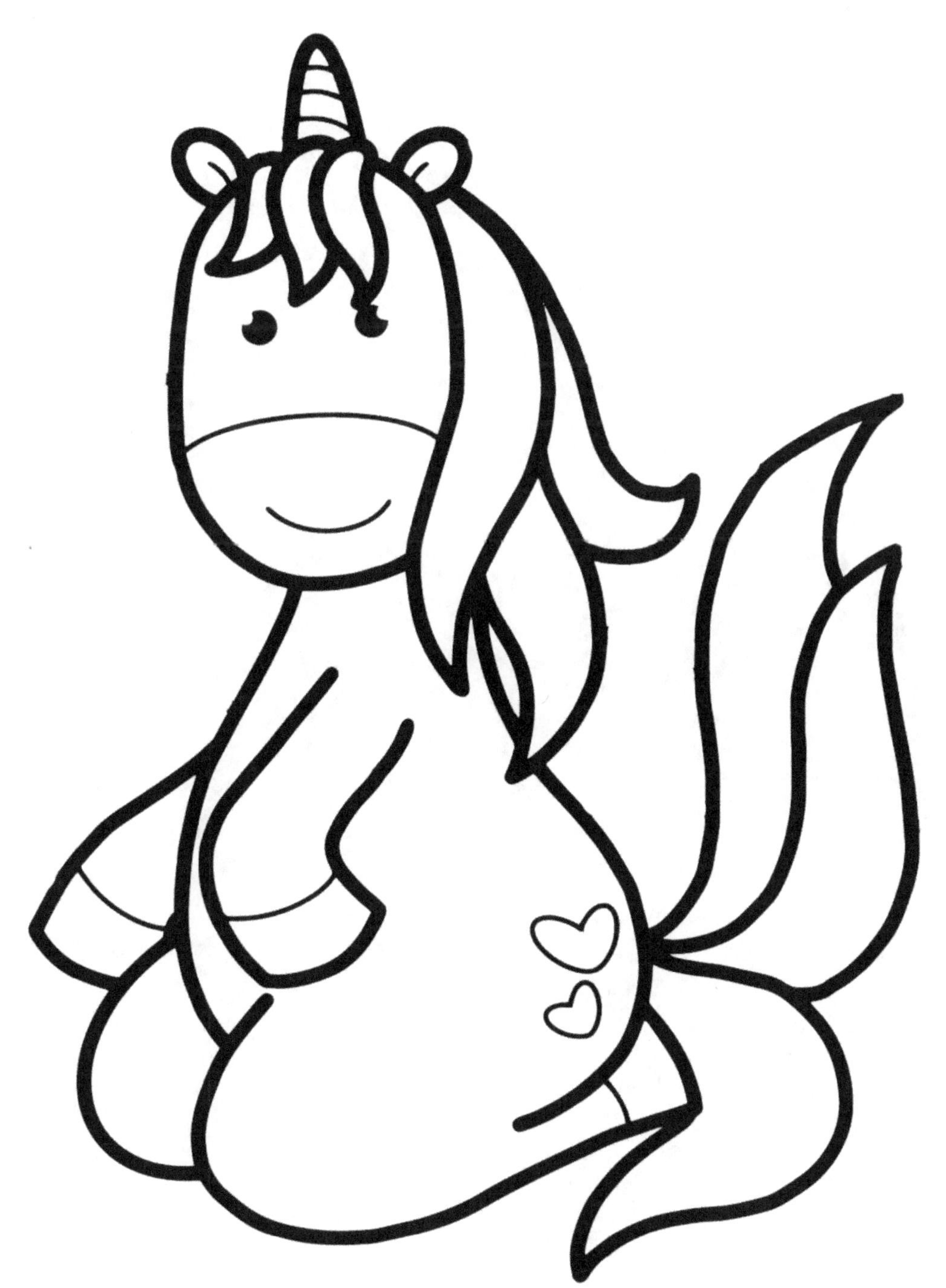

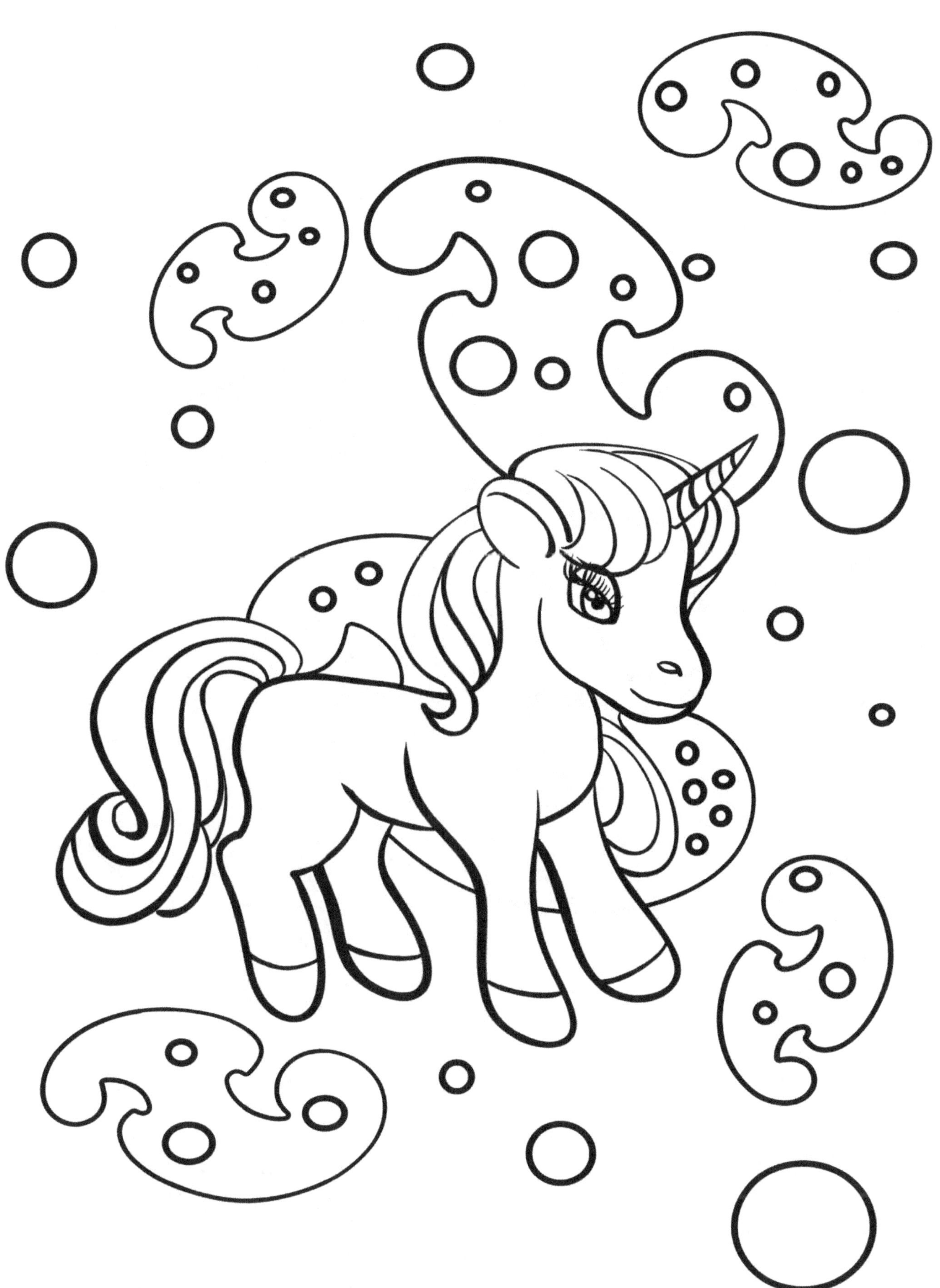

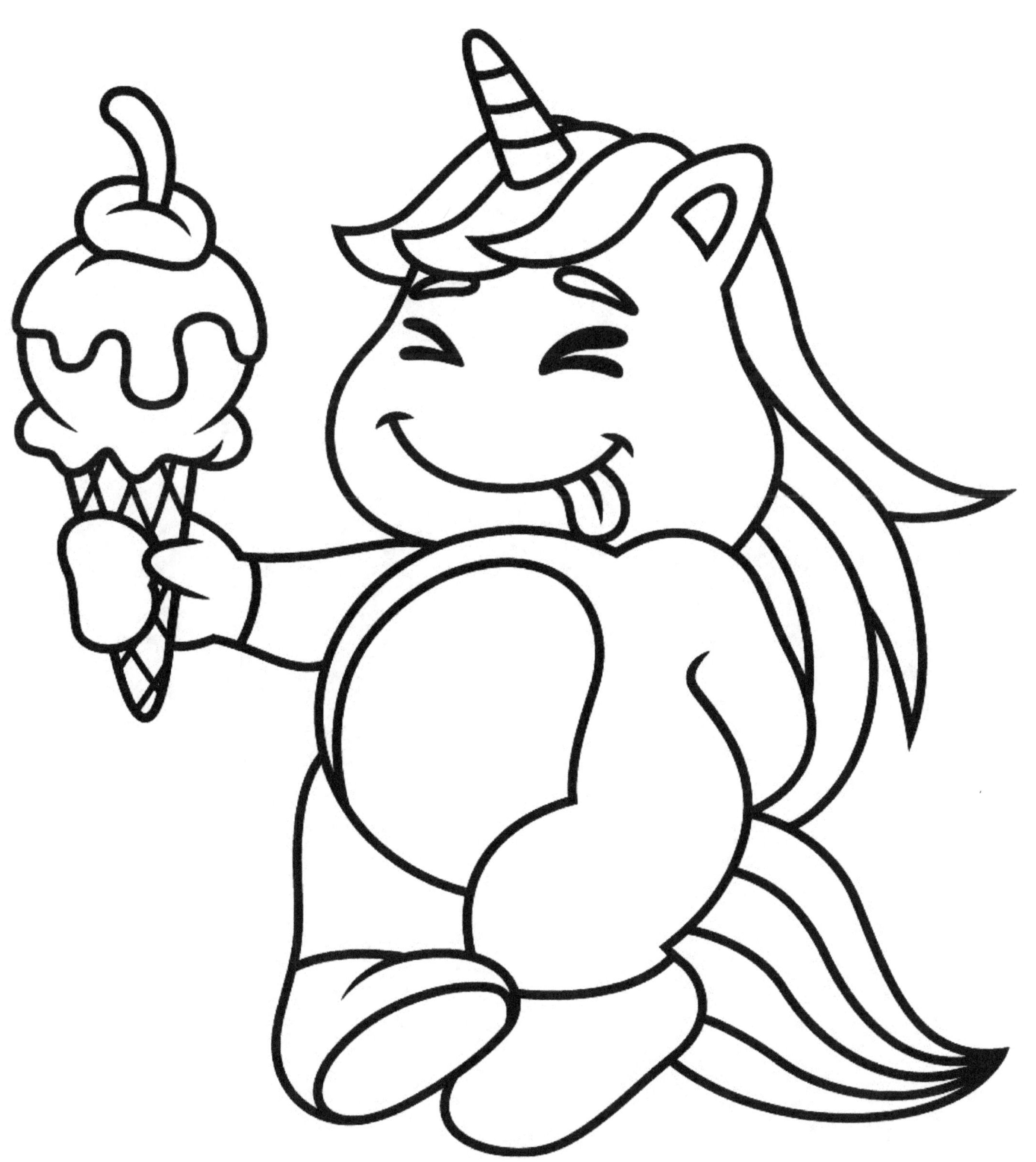

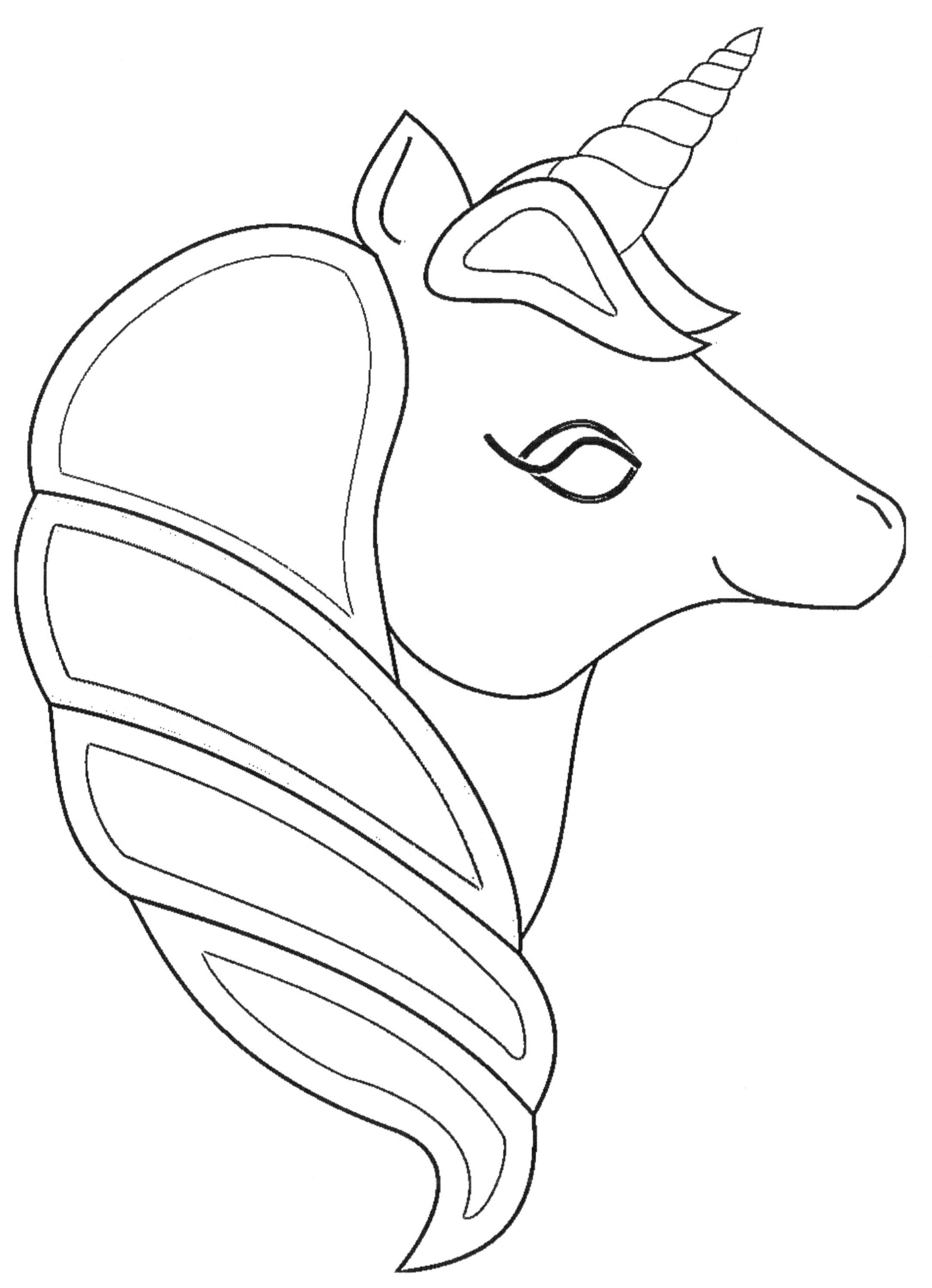

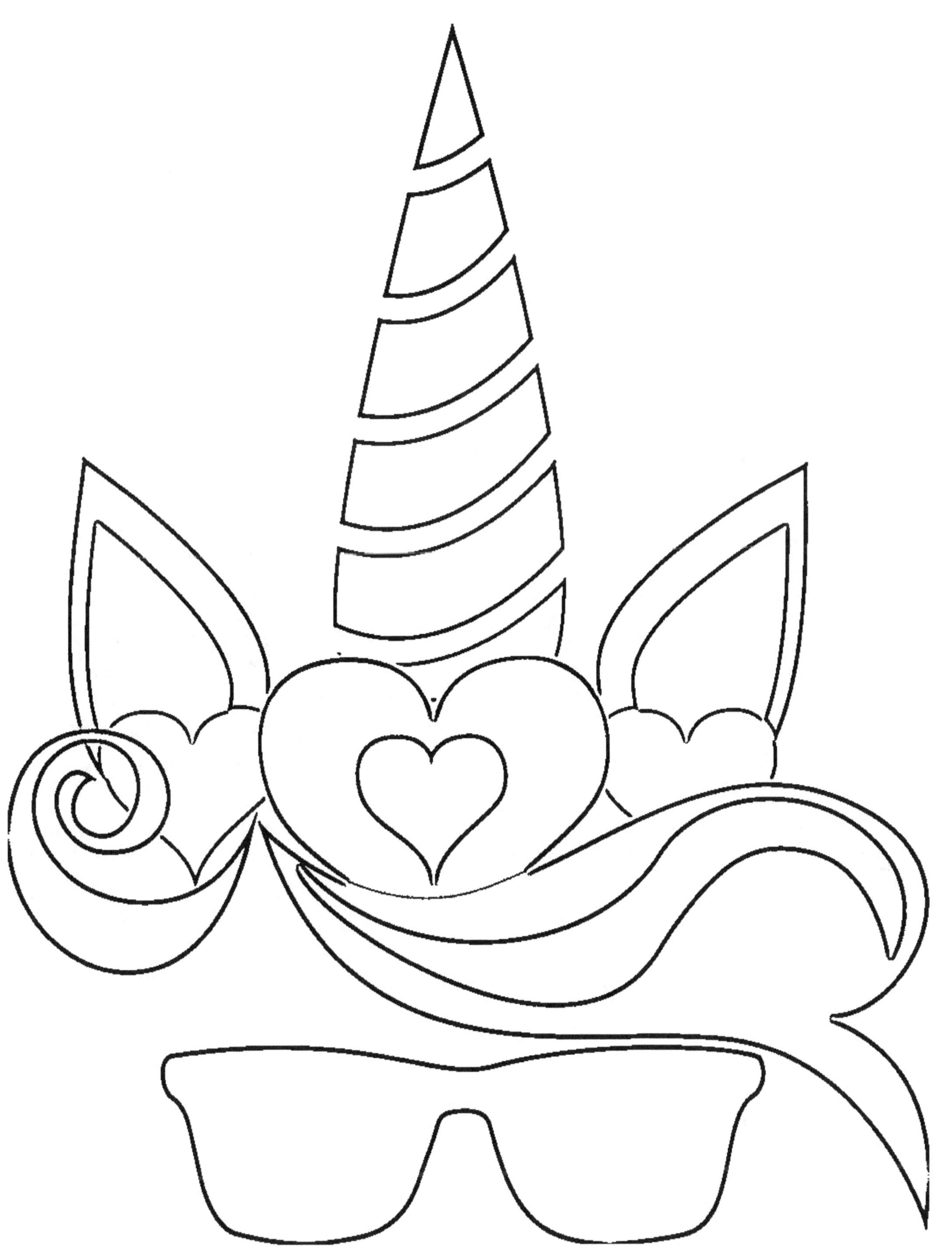

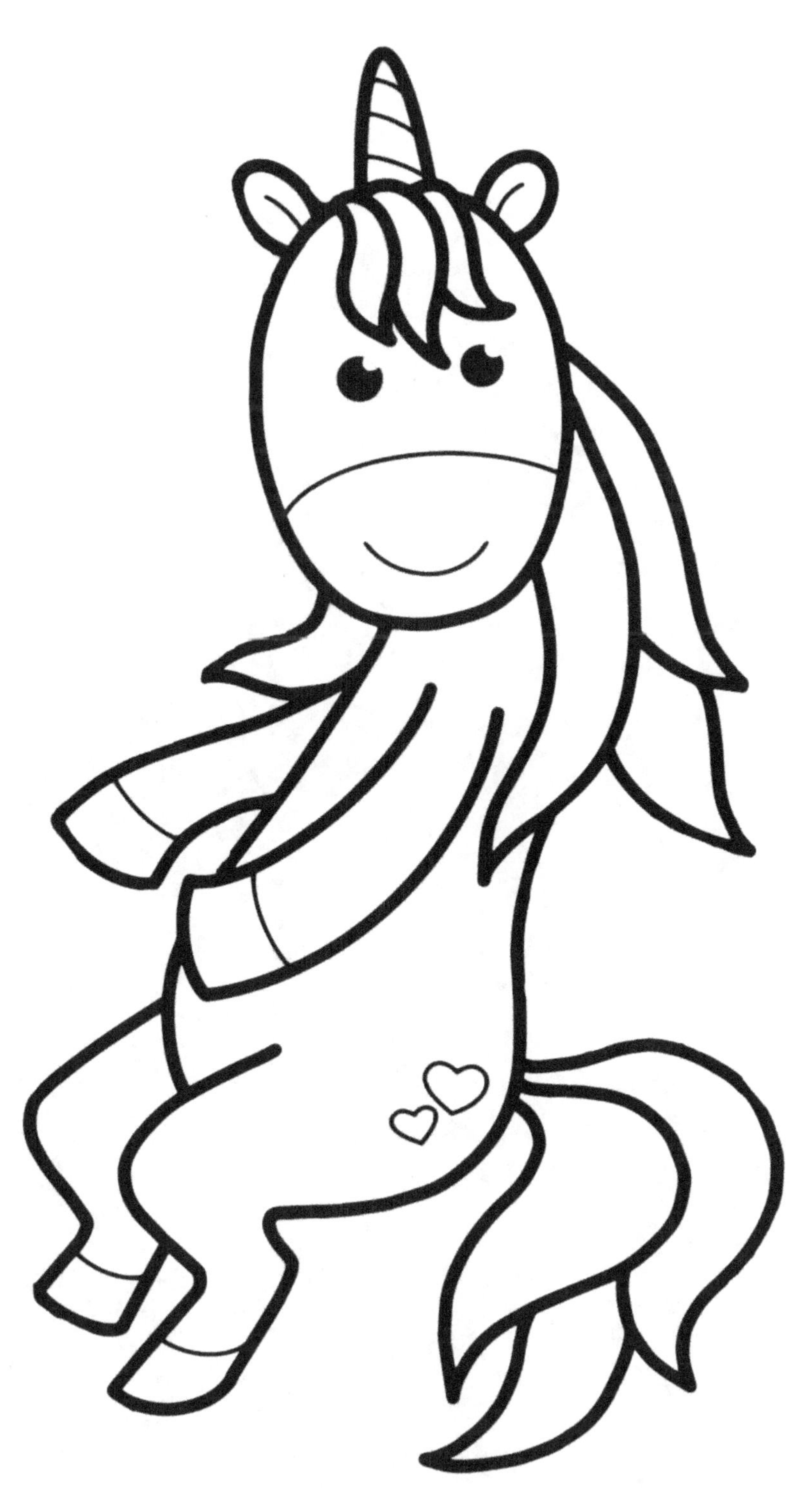

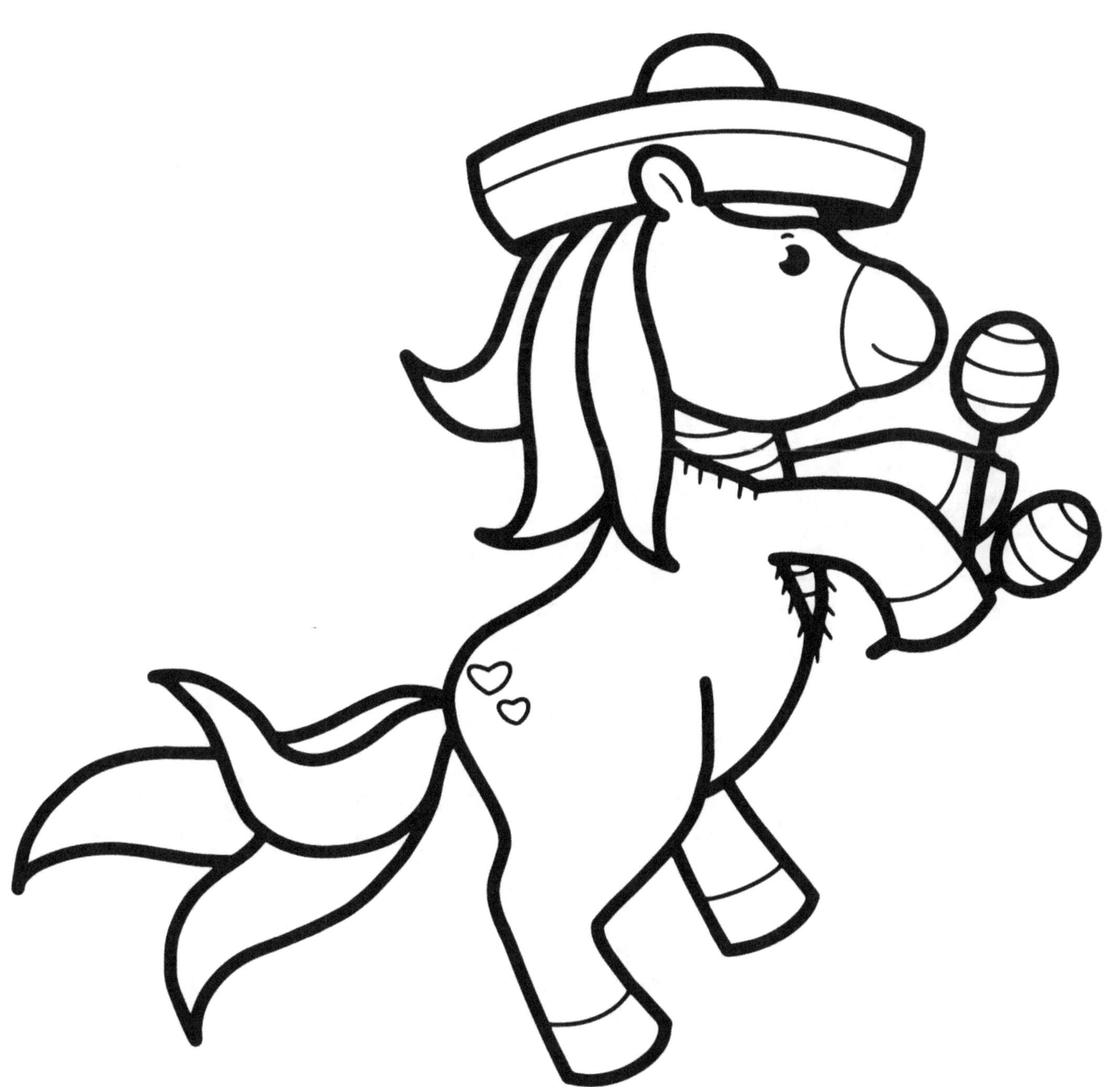

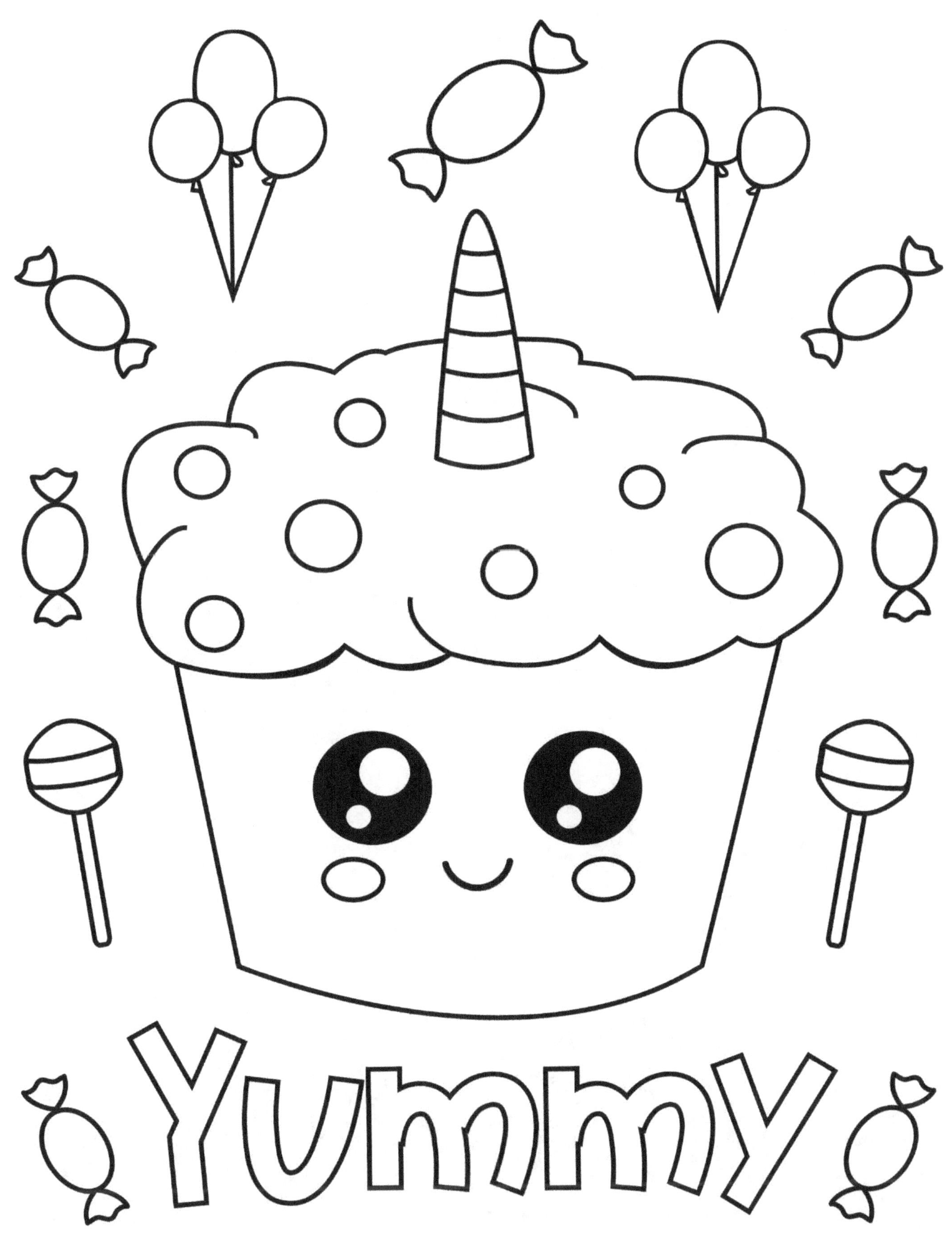

Yummy

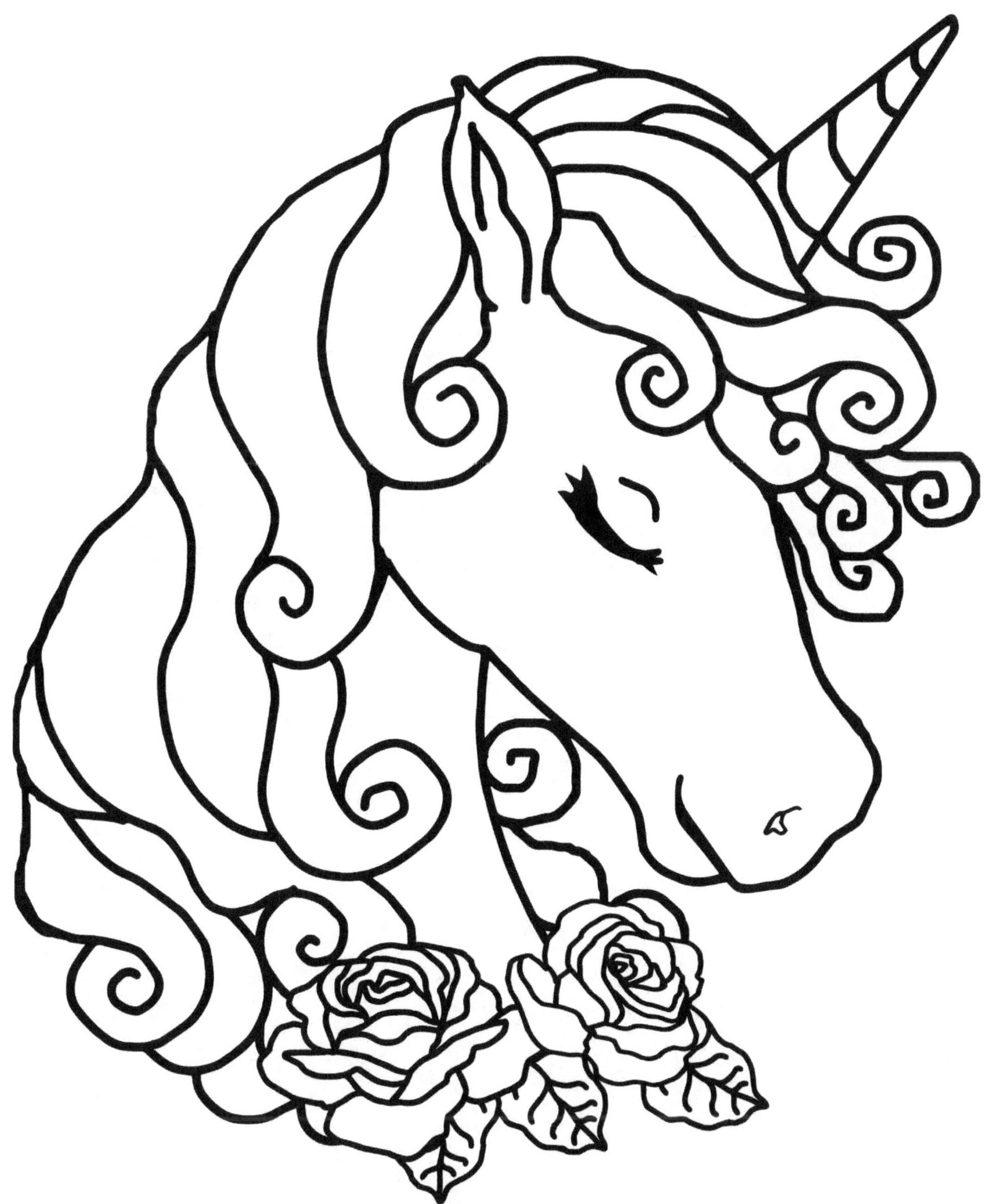

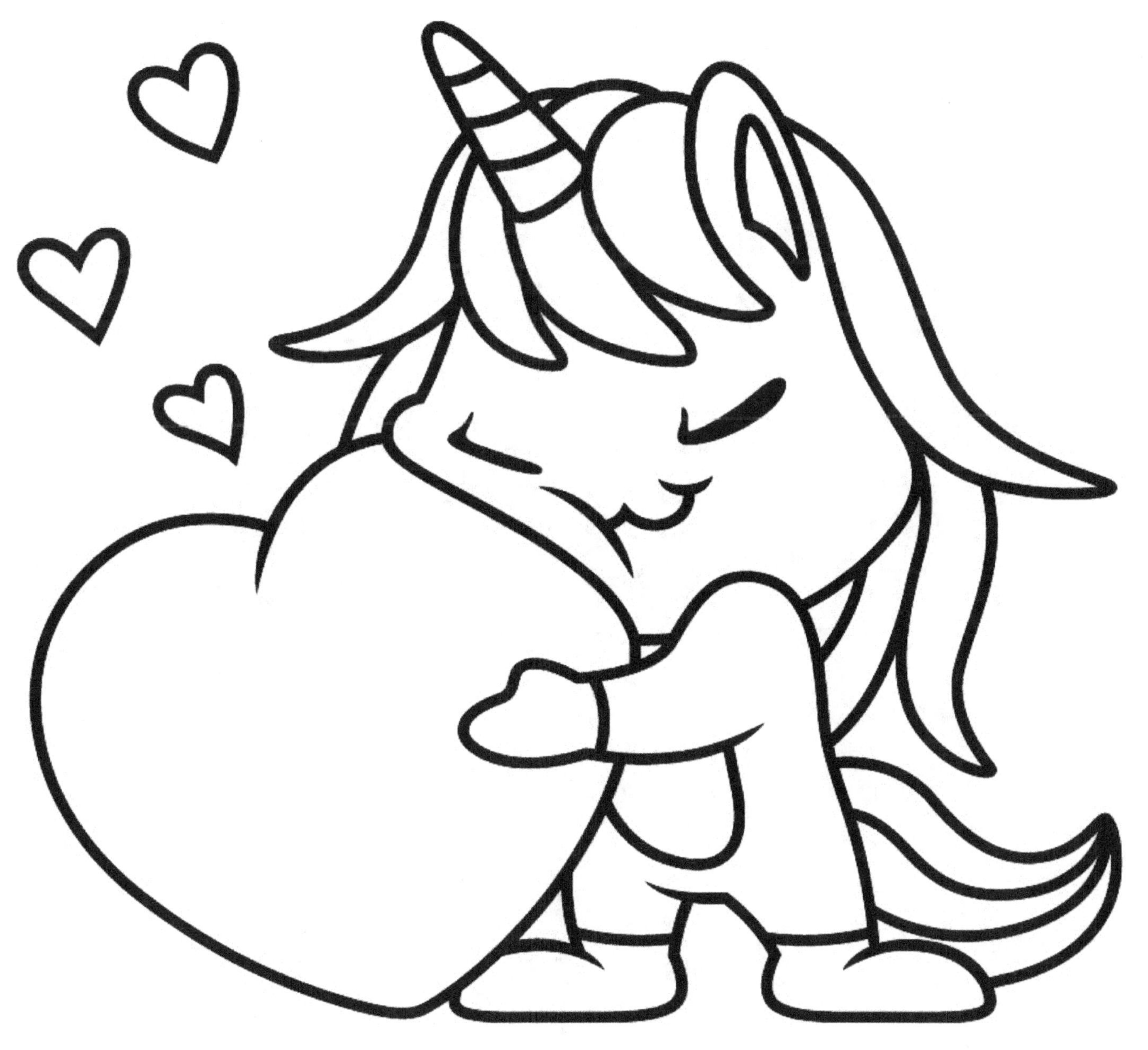

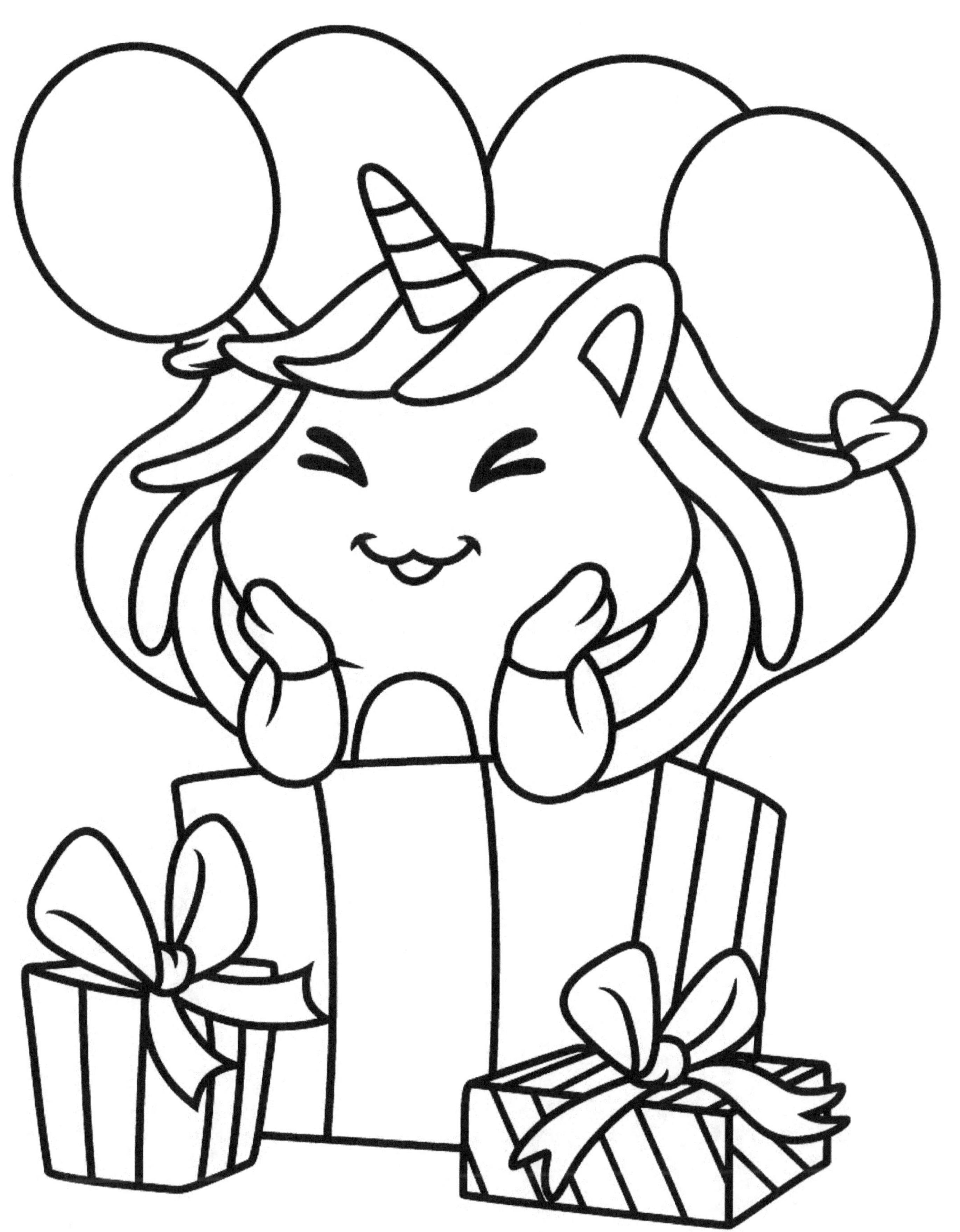

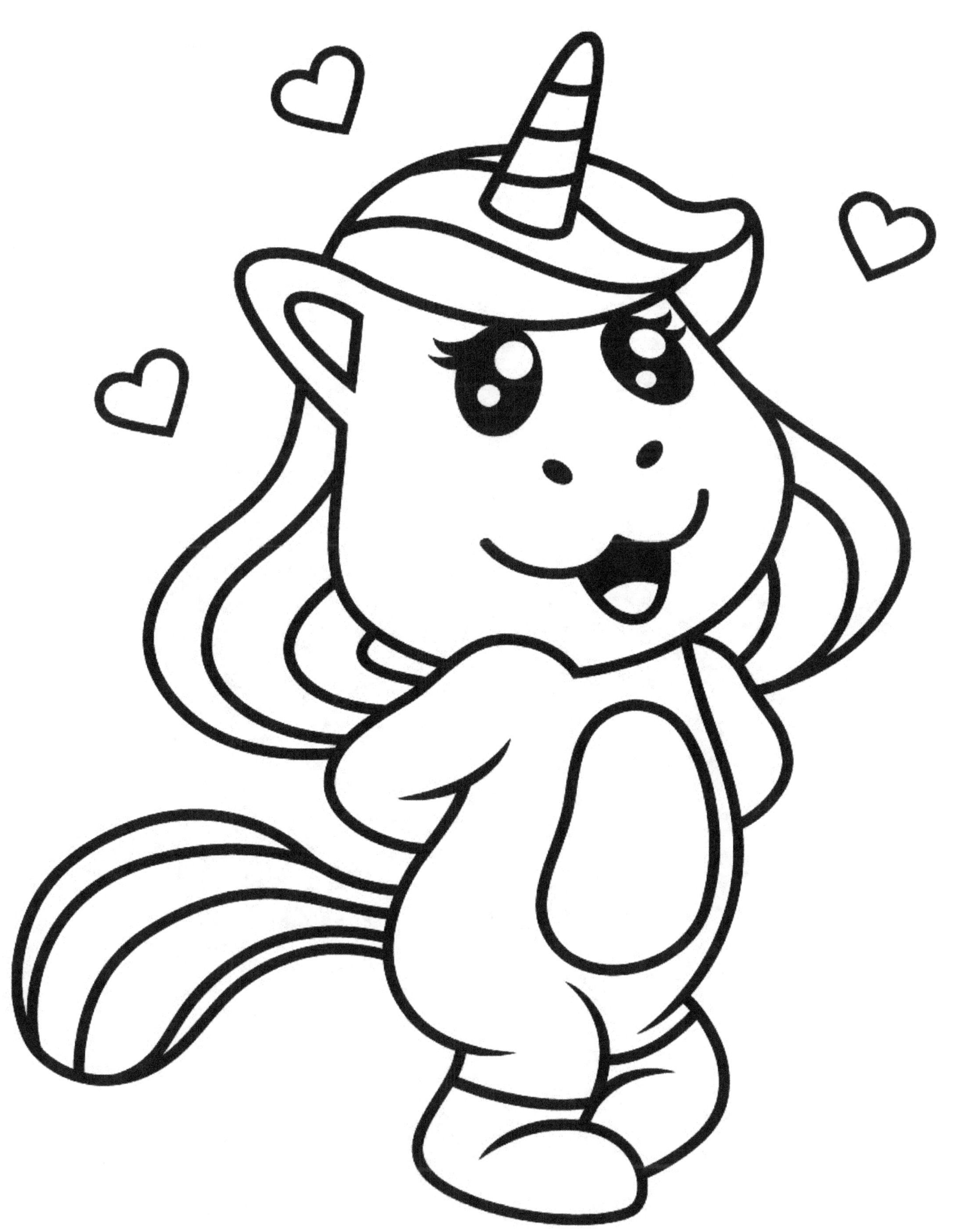

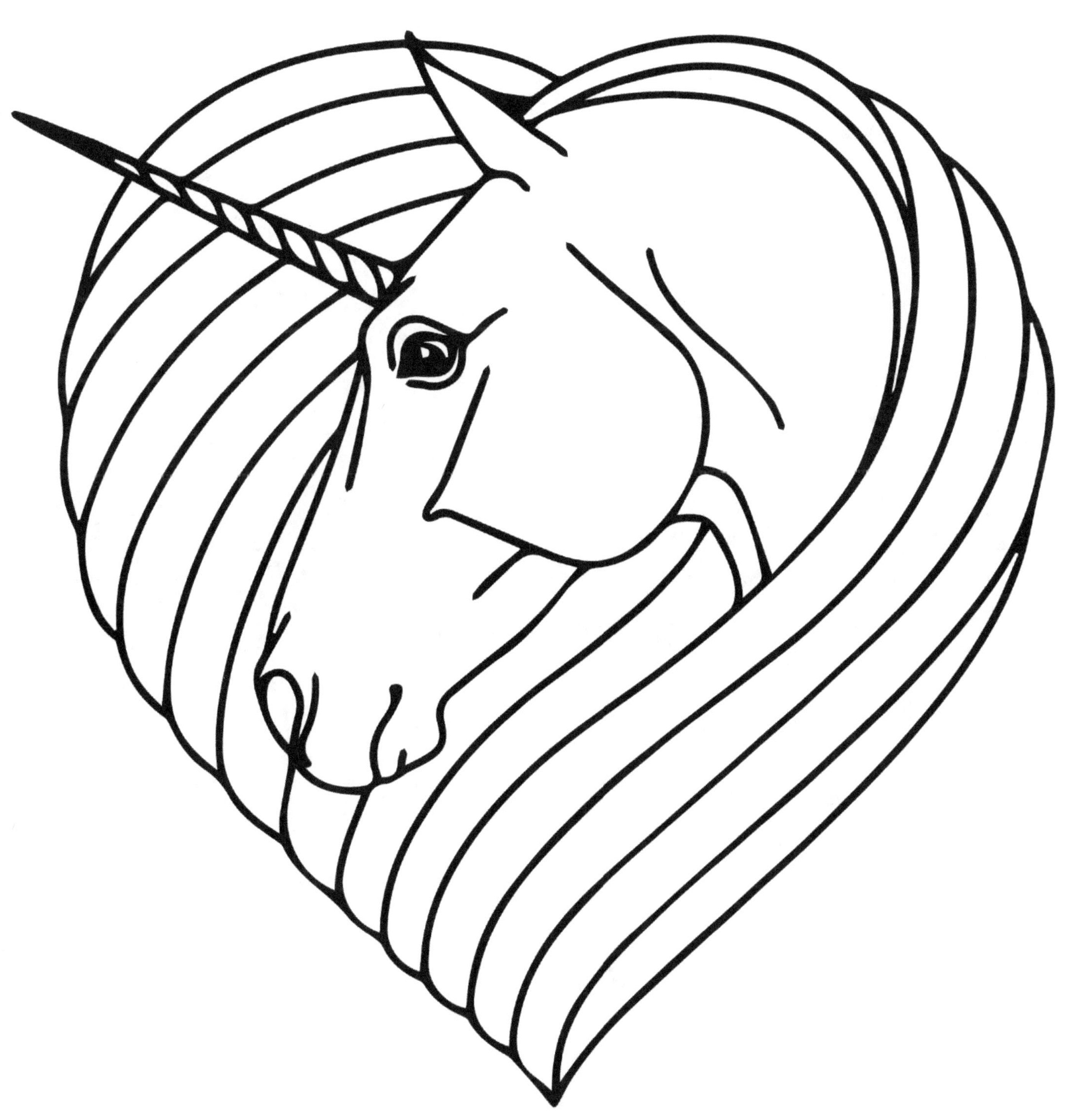

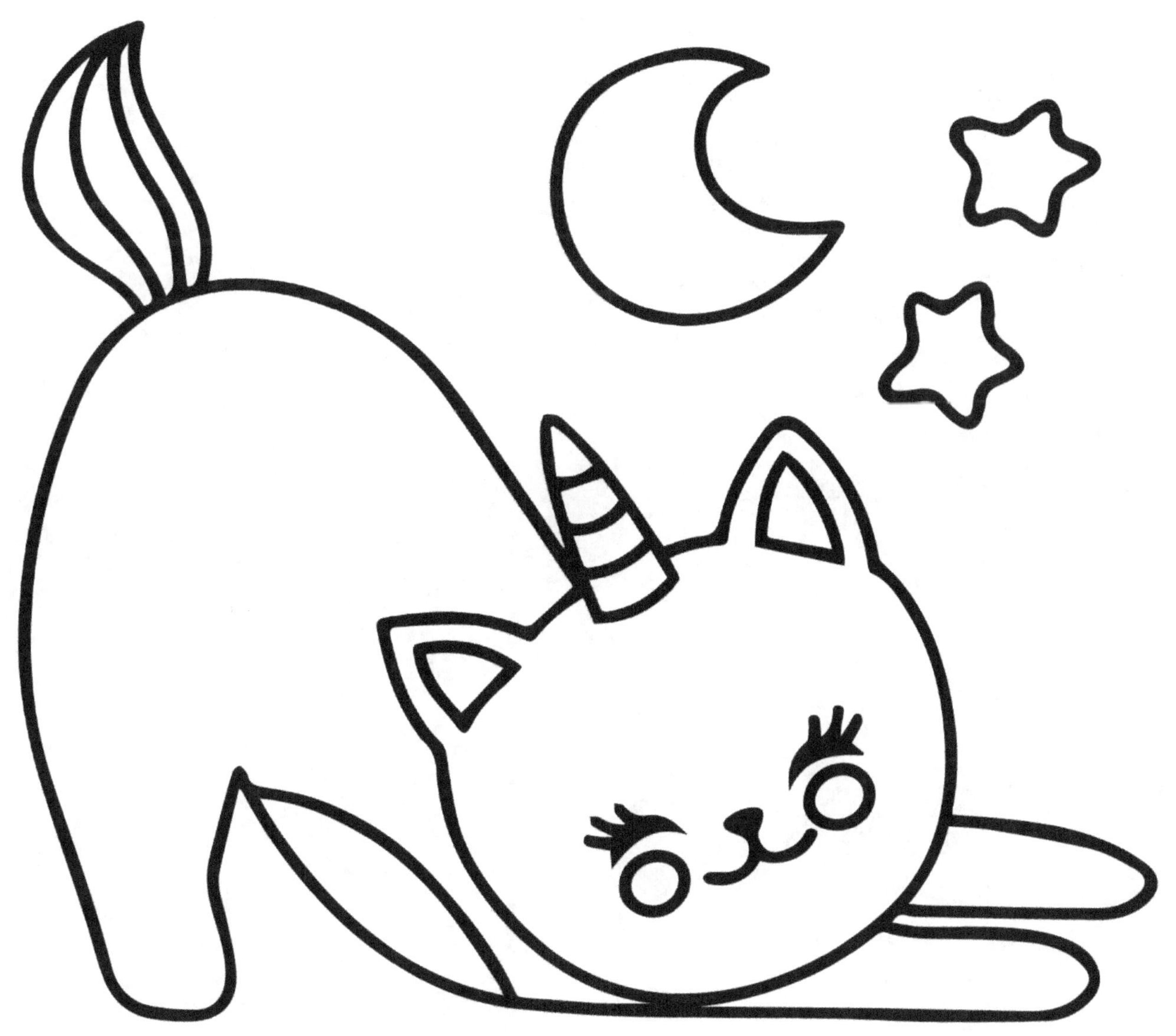

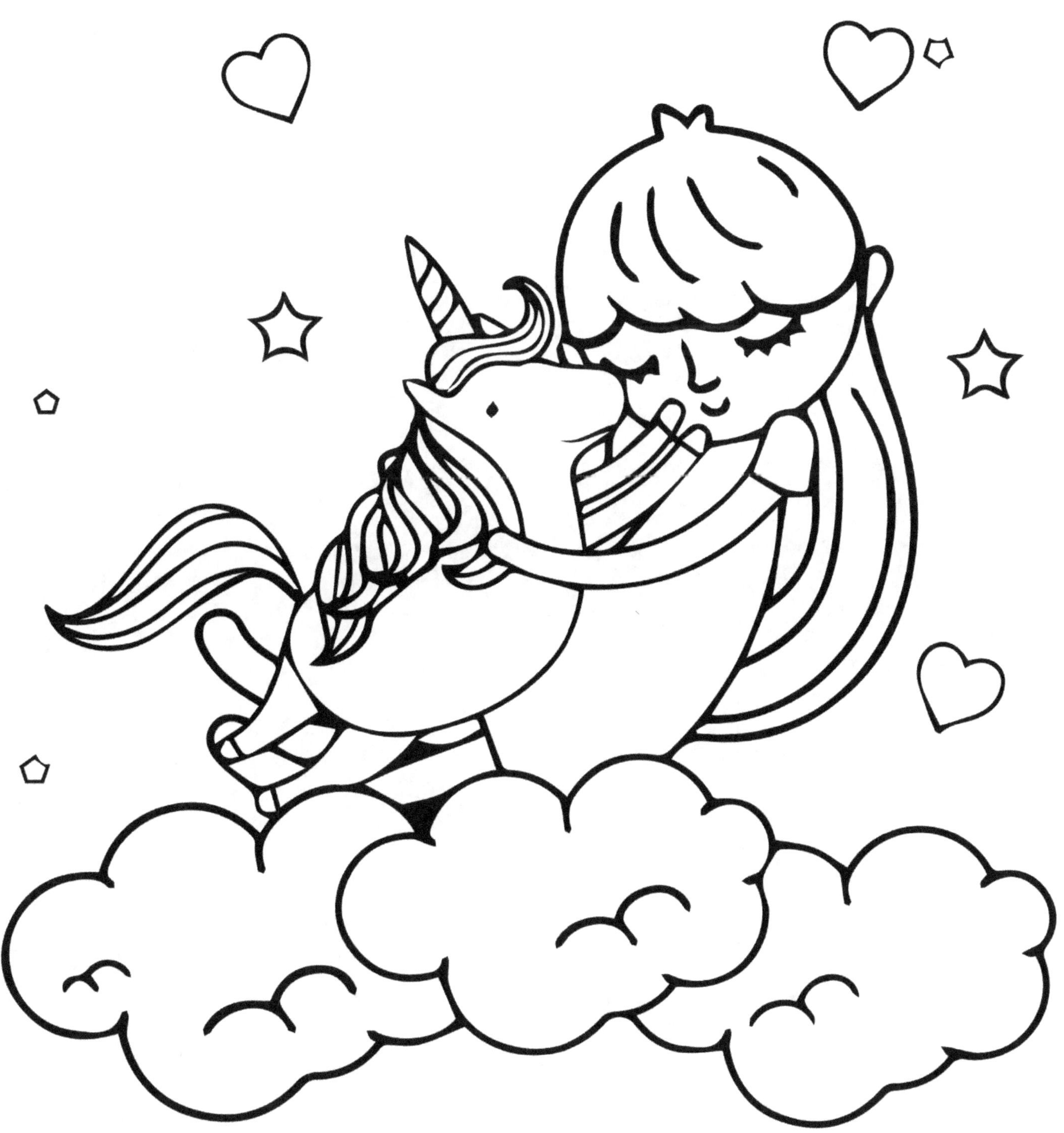

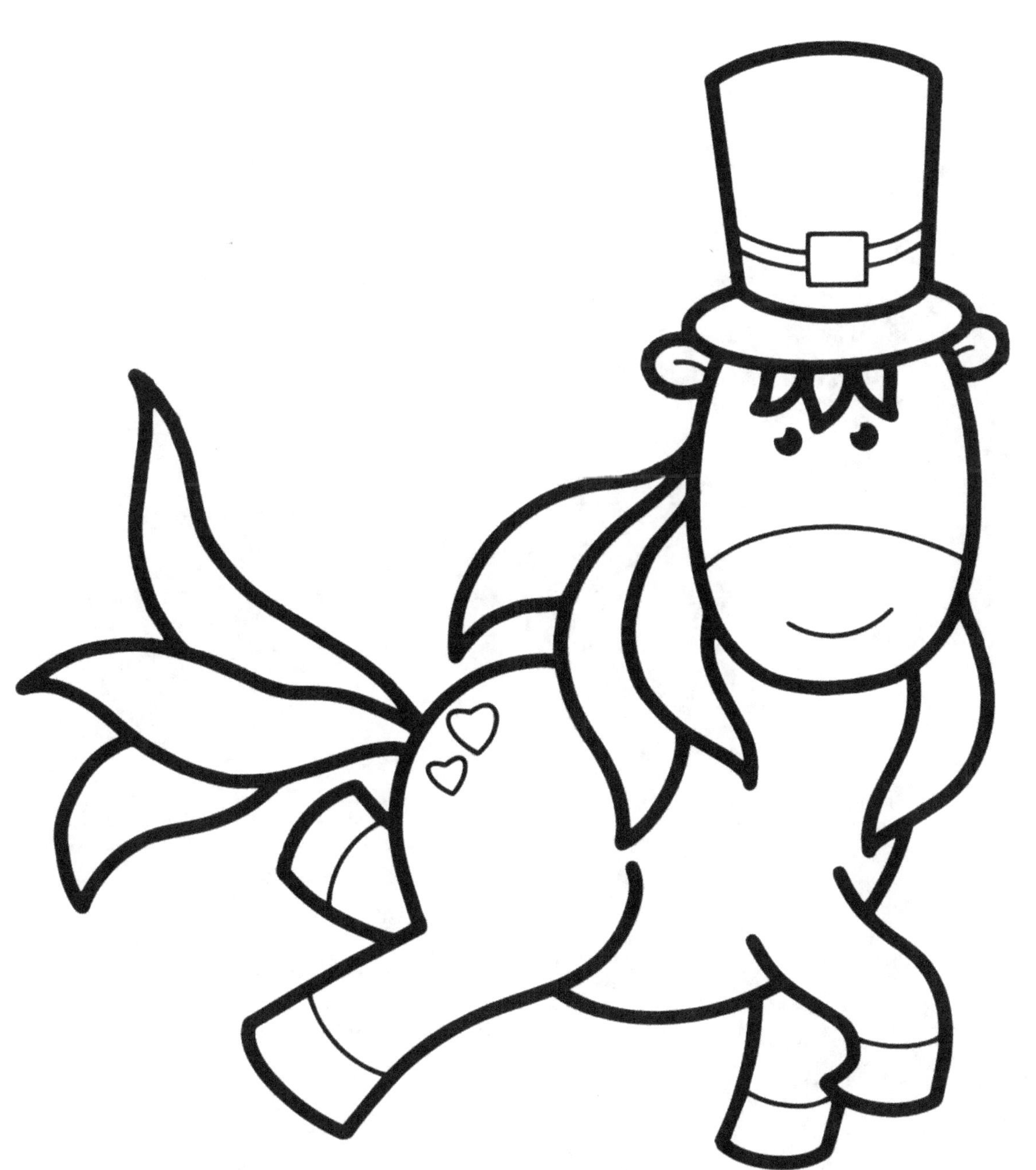

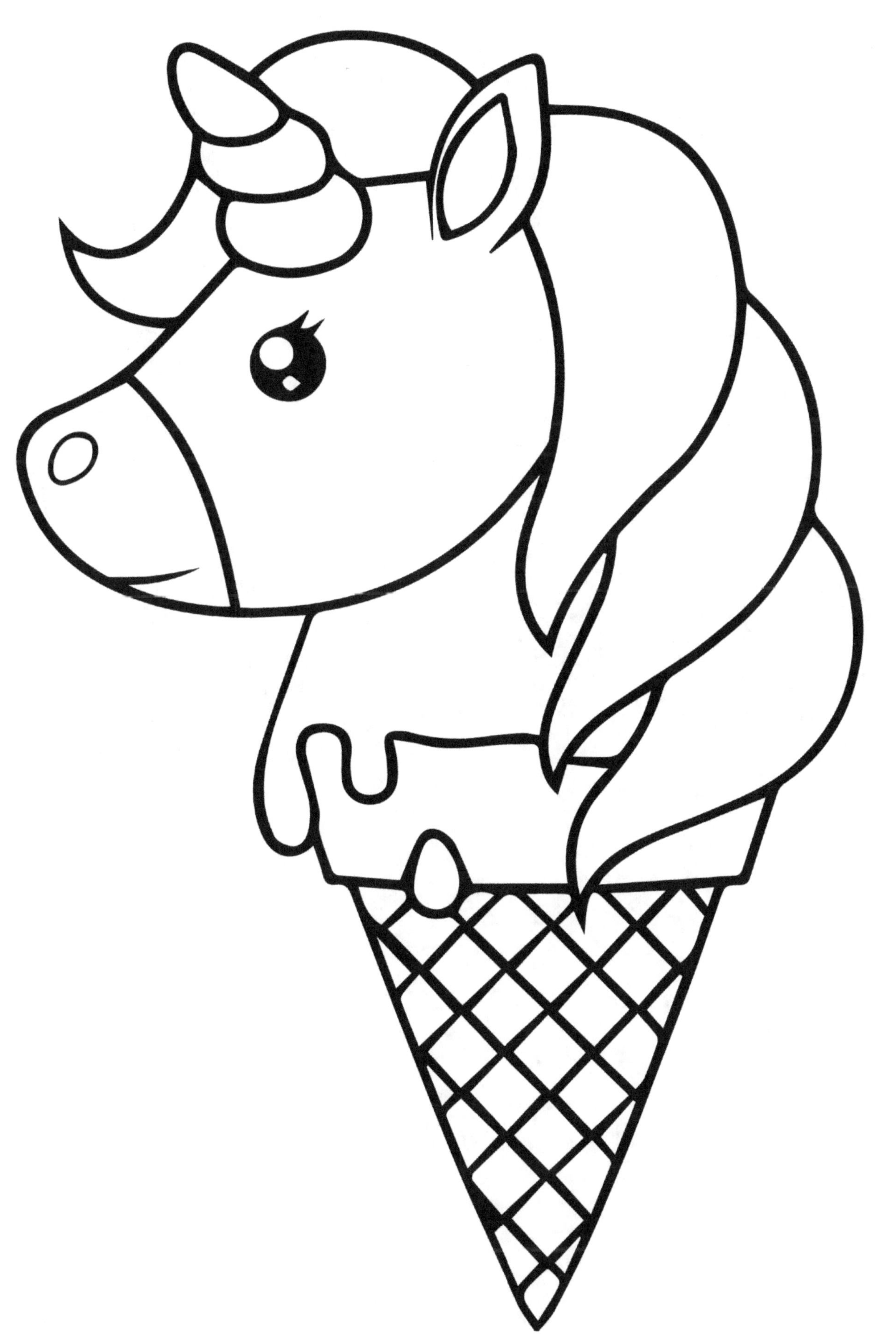

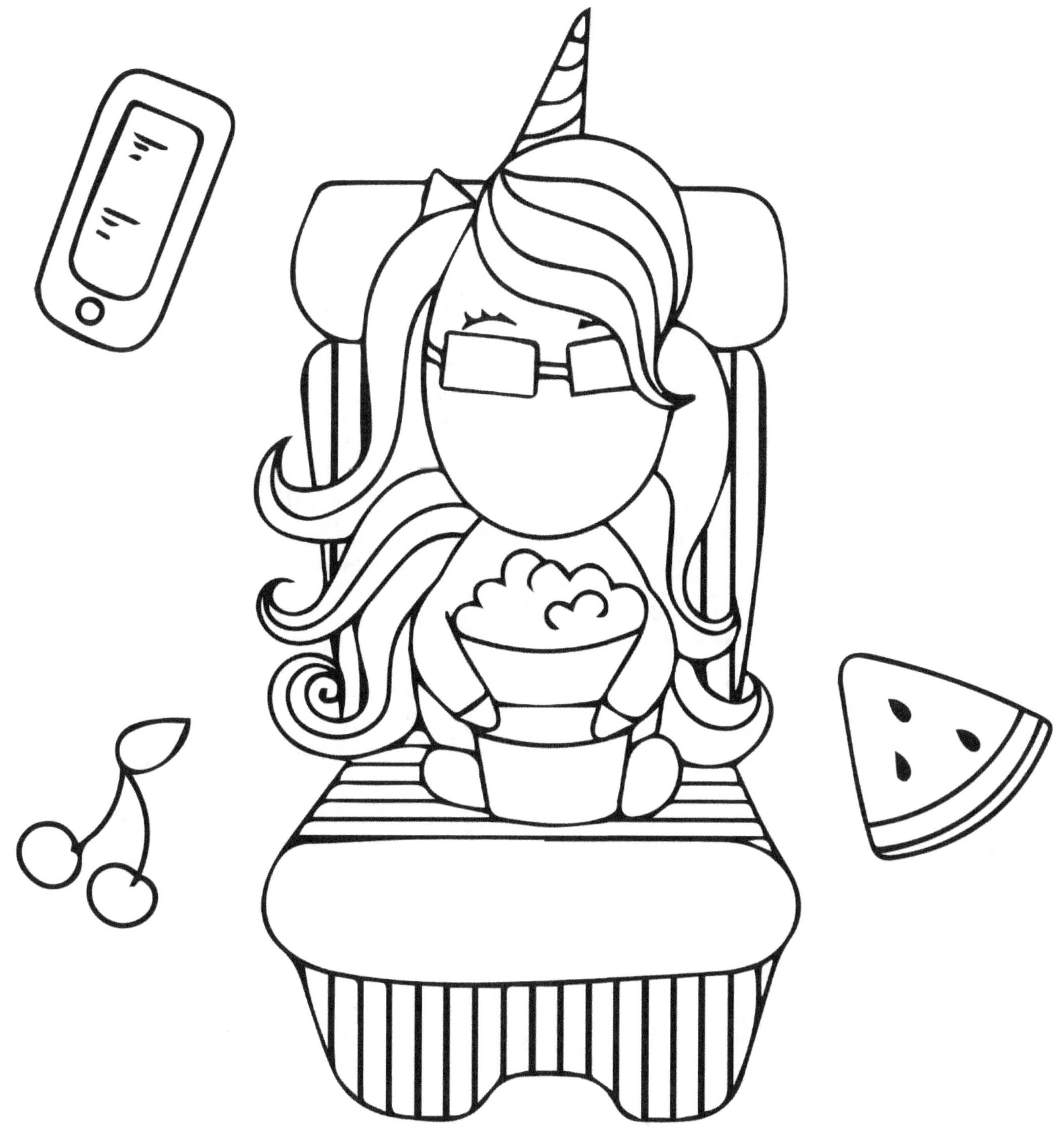

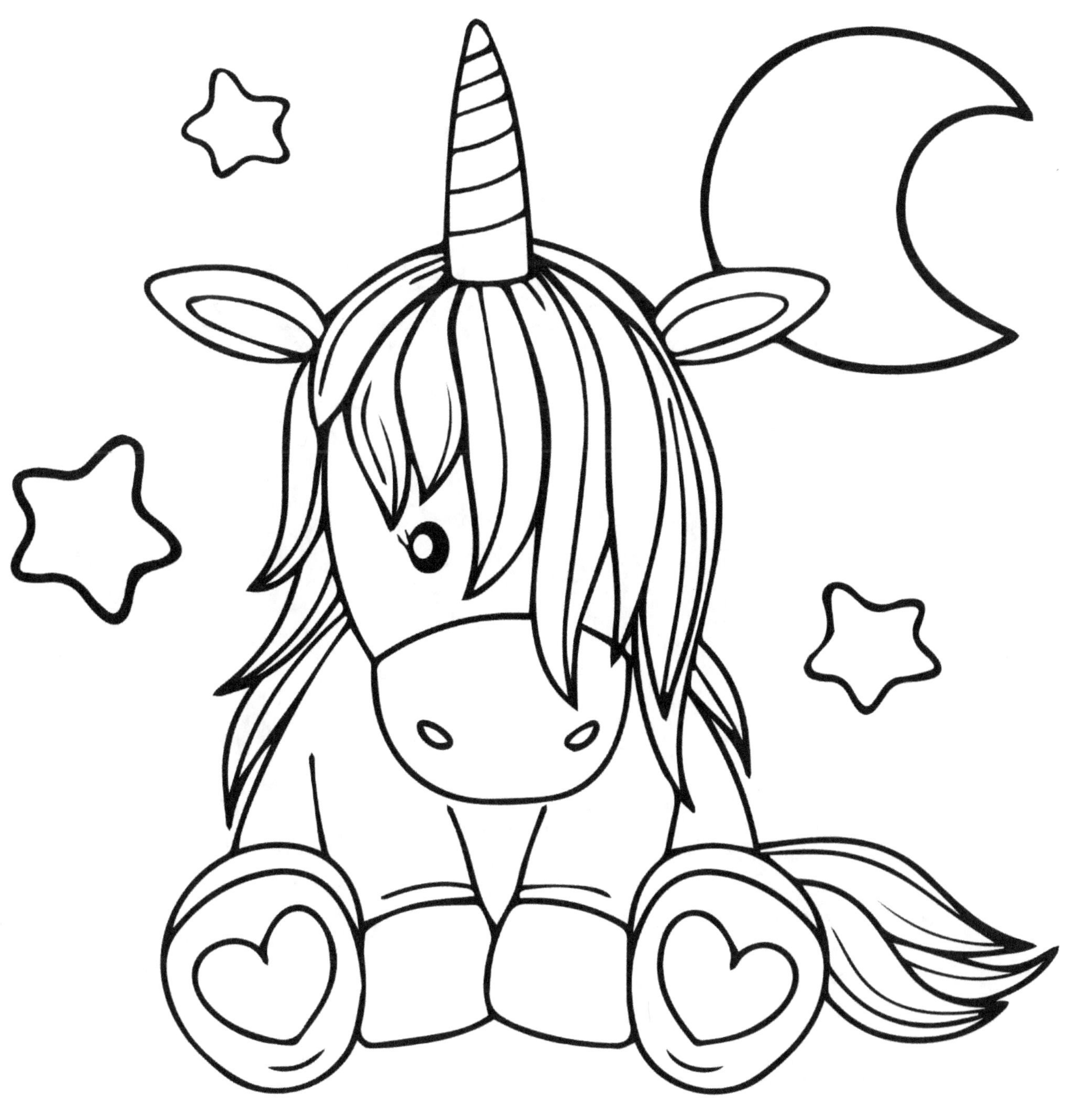

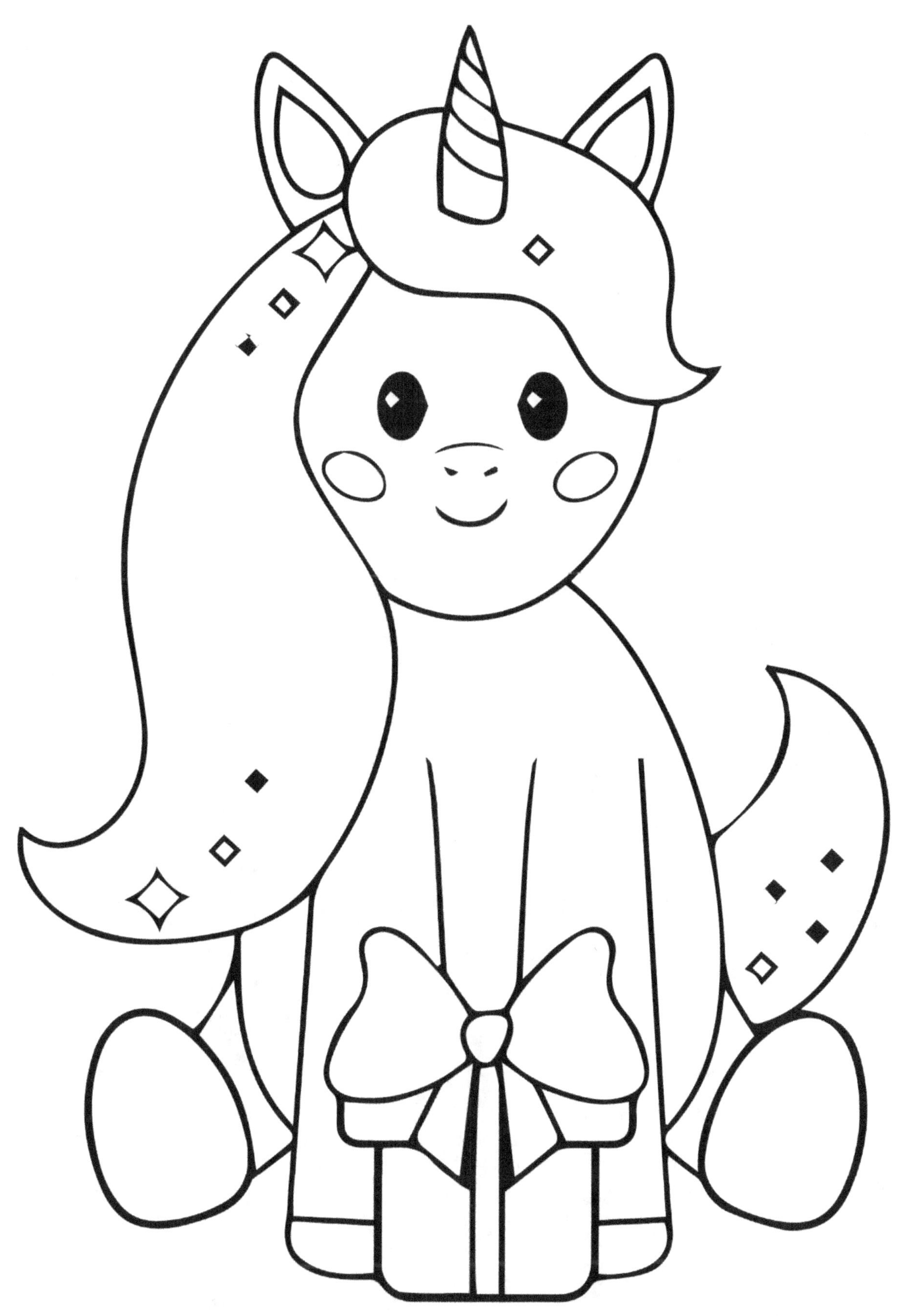

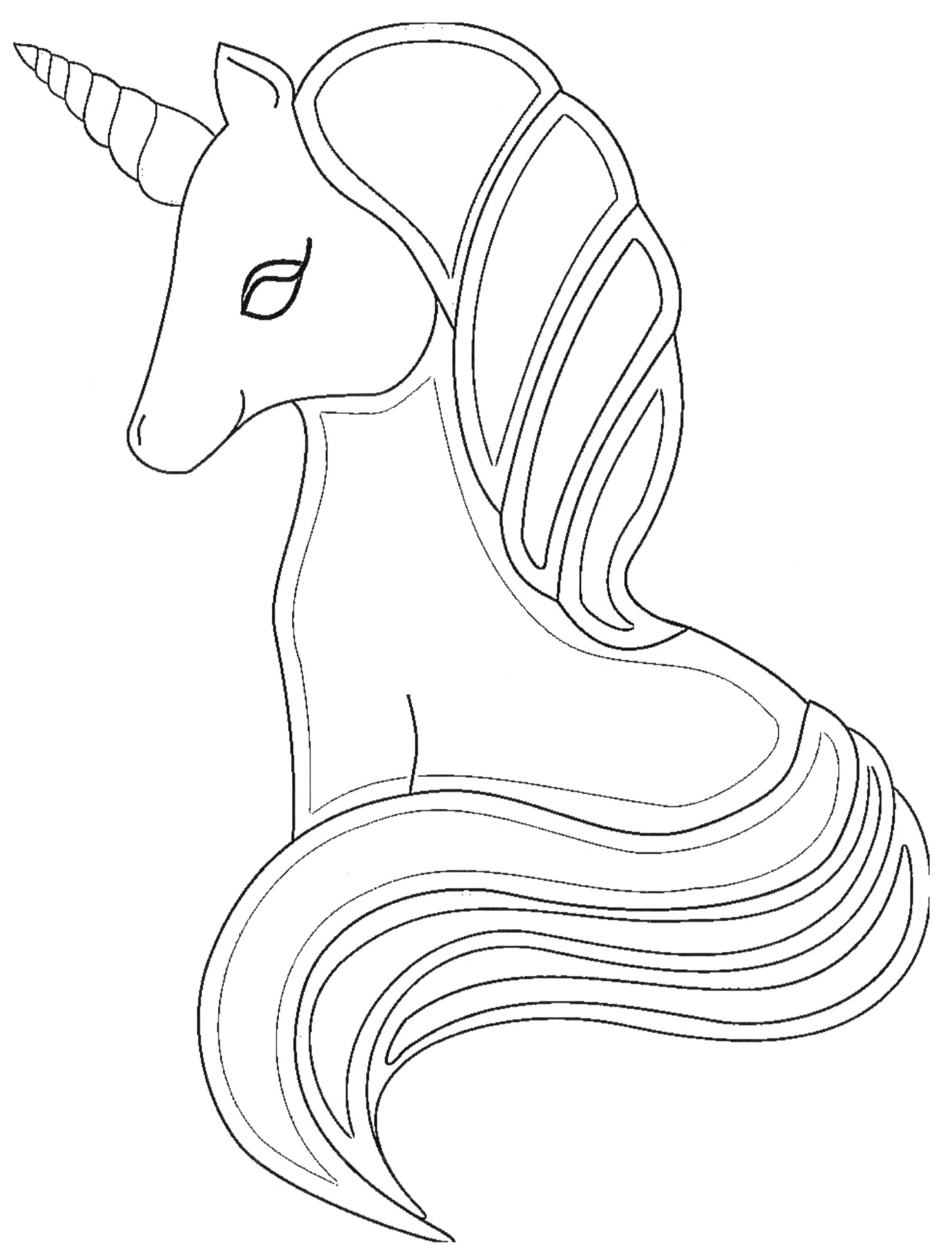

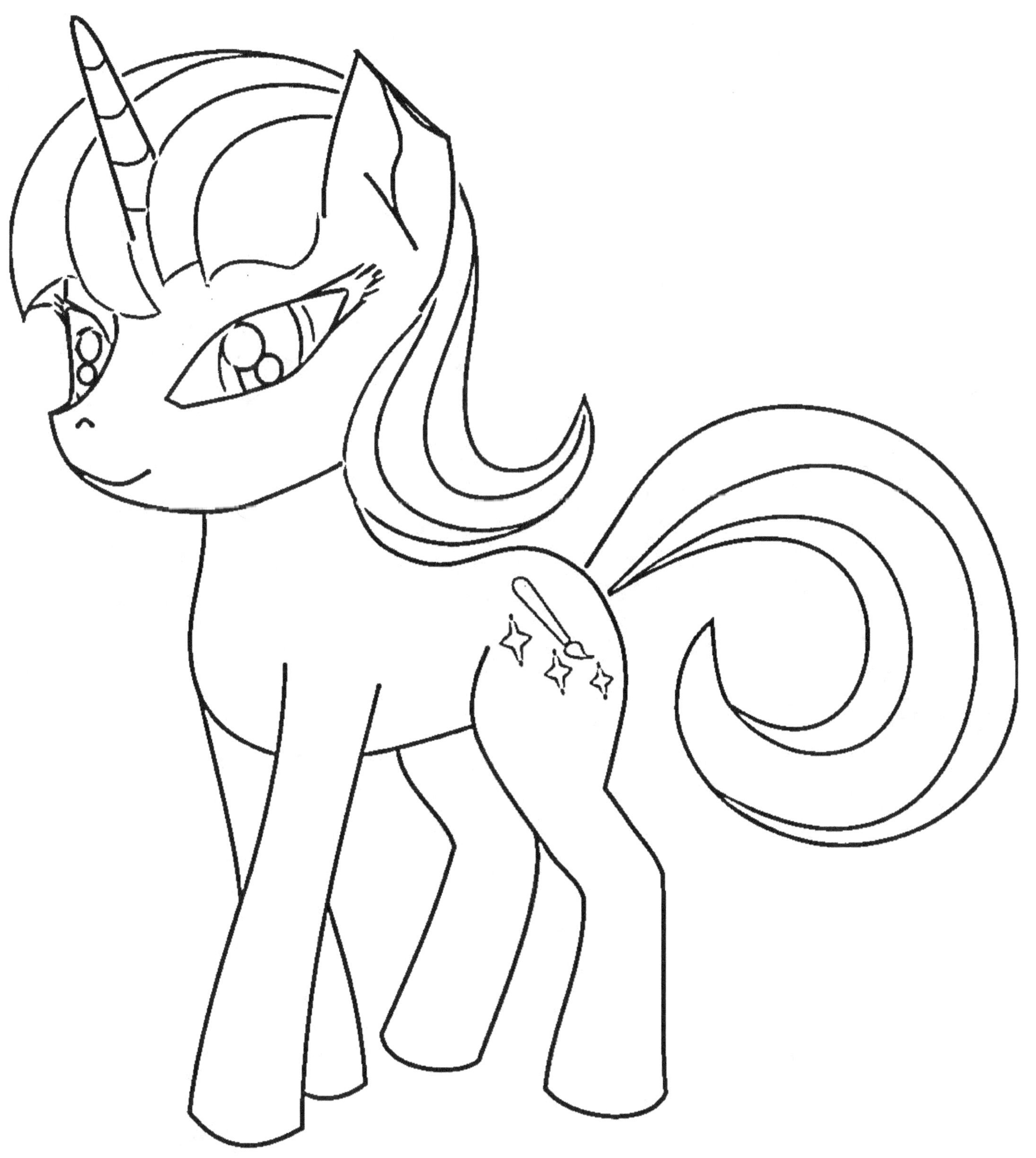

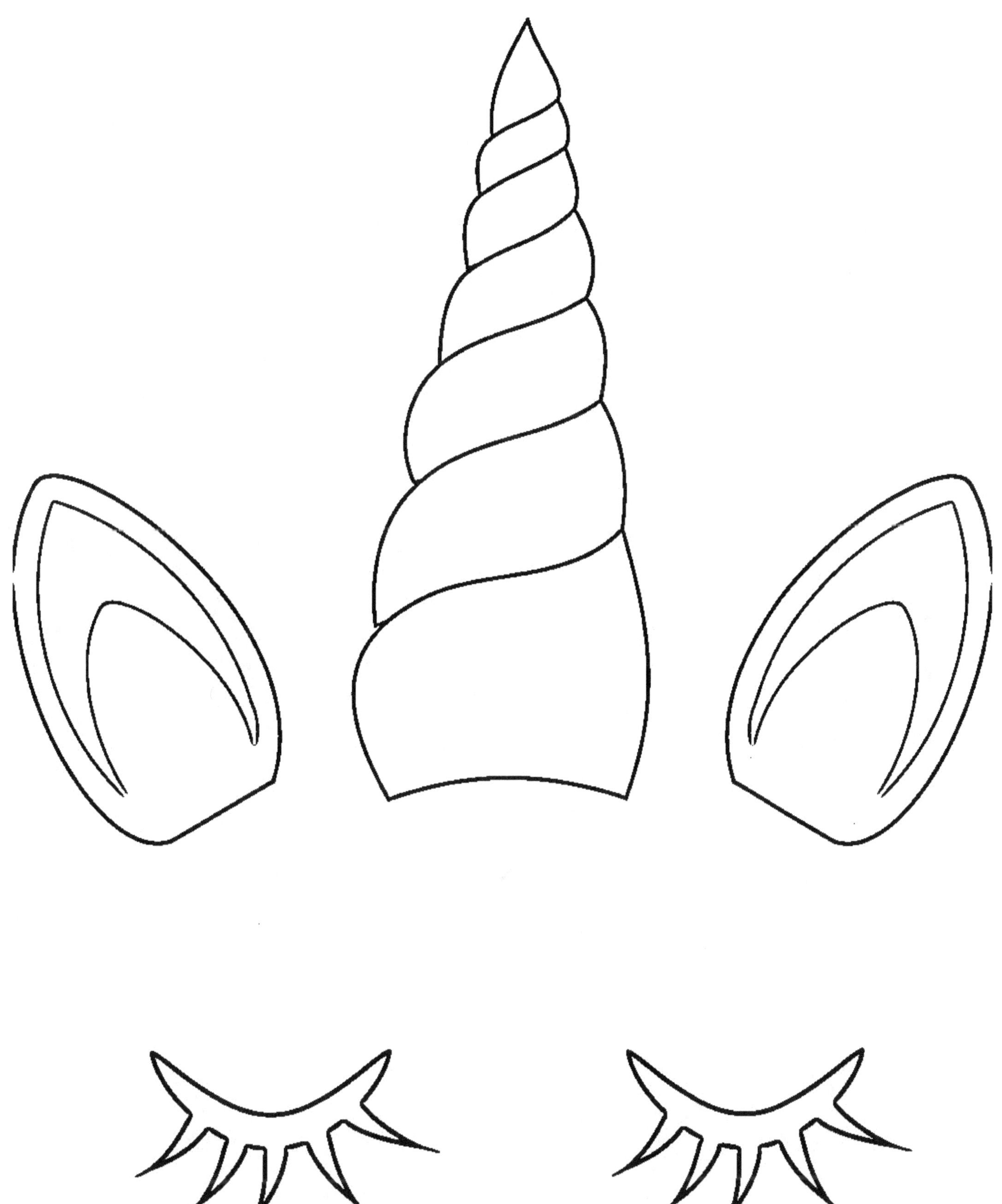

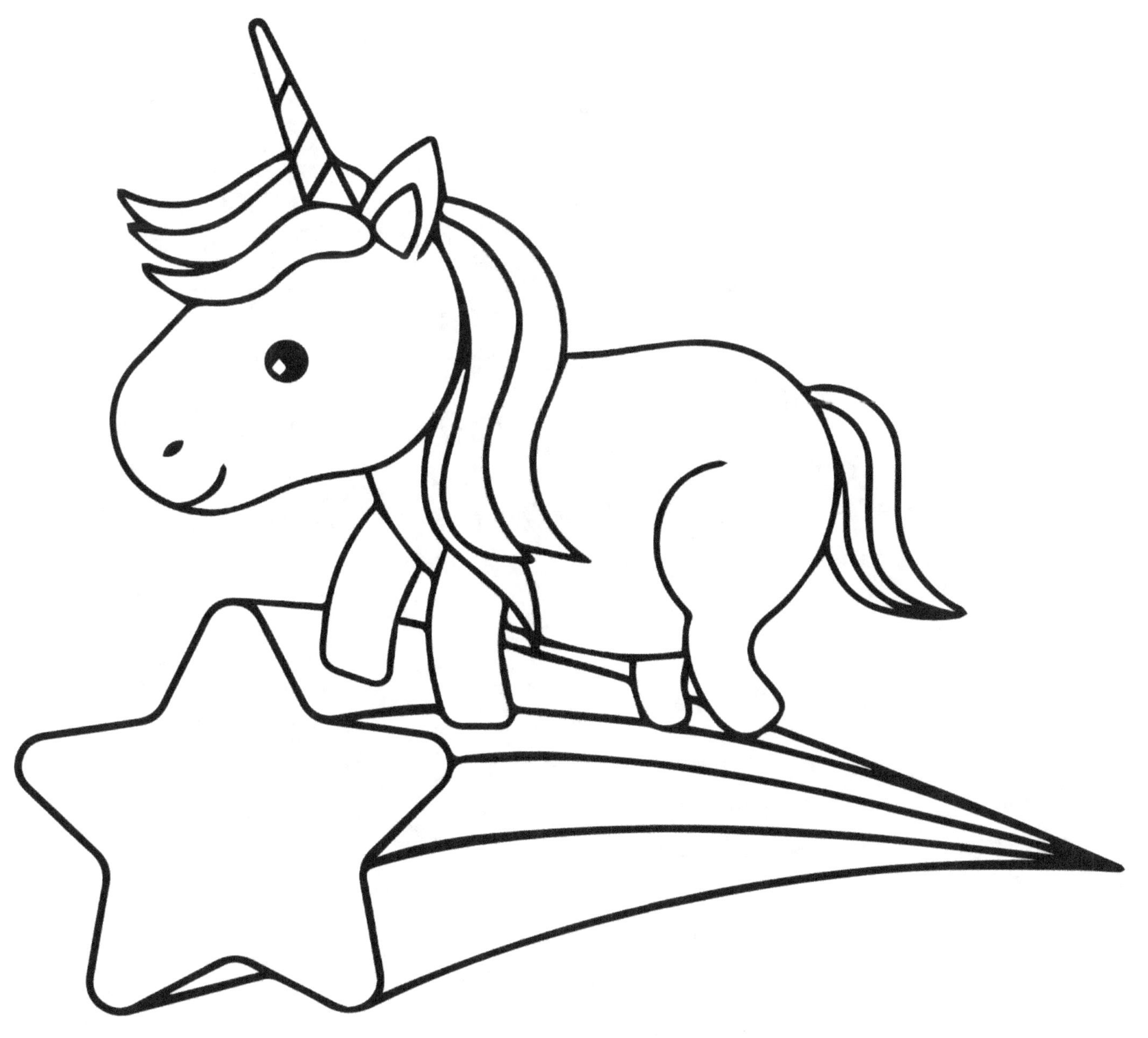